KB234753

포르투갈어(브라질어) 여행회화
한국외국어대학교 최영수 지음
Portugal
SAMJI BOOKS

책머리에

　최근들어 많은 사람들이 해외여행을 떠난다.그들의 여행목적은 단순한 관광여행에서 부터 중대한 사명을 띤 공무에 이르기 까지 다양하다. 관광의 경우 대부분의 일을 안내자가 처리해 주기 때문에 큰 불편이 없겠지만 그래도 간단한 현지어를 익혀두면 여행의 즐거움은 배가 될것이고 현지인들도 우리 여행자들을 새롭게 인식할 것이다.

　또한 중요한 업무를 위한 출장에서도 영어에만 의존하기 보다는 현지어를 구사하는 노력이 엿보일 때 상대방은 매우 큰 호감을 가질 것이고 여행의 목적도 훌륭히 이룰 수 있으리라 믿는다.

　물론 외국어를 단기간에 익힌다는 것은 매우 힘든 일이다.우리말과 전혀 다른 언어구조와 발음이 생소하겠지만 이 책의 실용적 기본문형 밑에 표기된 우리말 발음과 억양을 통해 익히고 CD를 통해 반복해서 듣도록 해보자.

　비록 서툴더라도 진지한 자세로 노력한다면 자신의 마음이 상대에게 전달되고 외국어에 대한 두려움이 사라지며 자신감이 생길 것이다.

　항시 이 책이 여러분과 함께 하며 충실한 여행의 길잡이가 되길 바란다.

이 책의 특징

- 이 책은 포르투갈어를 전혀 몰라도 원음에 가장 가깝게 한글로 토를 달았기 때문에 그대로만 읽으면 말이 통할 수 있도록 했다.

- 이 책의 예문들은 여행시 가장 많이 요구되는 표현들을 중심으로 만들었다.

- 각 문장상에 나타난　　표는 강하게 발음함으로서 완벽한 억양을 표현할 수 있도록 했다.

- 이 책의 내용은 현지인의 정확한 발음으로 CD에 수록하였다.

- 여행이나 간단한 회화에 사용되는 어휘들을 부록에 수록해서 필요에 따라 활용토록 하였다.

- 포르투갈어는 브라질과 포르투갈에서 발음상의 차이점을 지닌다. 이 책은 브라질식 발음에 가깝게 한글로 토를 달았고 필요에 따라 포르투갈식 발음도 실었다.

- 포르투갈어의 비모음은 한글로 옮기는 데 어려운 점이 매우 많다. 따라서 현지인의 발음을 잘 듣고 반복해서 발음 연습을 해야 할 것이다.

차 례 (CONTENTS)

관광·스포츠

물건사기

전화·우편

어려움에 처했을 때

부록

포르투갈과 브라질은 어떤 나라인가?

　포르투갈은 이베리아 반도에 서부에 위치한 면적 9만 2천 ㎢의 소국으로 인구는 일 천만 명을 약간 상회하는 국가이다. 비록 적은 나라이긴 하지만 포르투갈은 1498년 바스코 다 가마가 인도 항로를 발견한 이후 광대한 식민지를 개척하여 16세기에는 세계 최대의 해양 부국으로서 그 위세를 드높혔다.

　16세기 초 그들은 동양과의 향료 교역으로 유럽의 상권을 지중해의 이탈리아에서 대서양 연안의 포르투갈로 옮겨 왔고 수도인 리스본은 세계 경제의 중심지가 되었다.

　포르투갈인들은 기원 전부터 이곳에 침투해 들어온 페니키아, 그리스, 카르타고 인들의 영향을 받아 핏속에 해양성 천품이 넘쳐 흐르는 민족이다. 역사상 가장 위대한 해양 모험가로 꼽히는 바스코 다 가마, 희망봉을 발견한 바르톨로메우 디아스, 세계일주 항해에 성공한 마젤란 등이 포르투갈 출신이라는 사실이 이를 입증해준다.

　이와 같이 한 때 전성기를 구가했던 포르투갈도 16세기 후반기 부터는 주변의 프랑스, 영국, 네덜란드와 같은 경쟁국들의 부상과 부의 적절한 관리 능력의 부족, 지나친 탐욕과 사치, 허영 등의 풍조가 만연되어 차츰 국력이 쇠잔하고 몰락의 길로 접어들게 되었다.

　결국 1580년에는 라이벌인 스페인에게 왕권까지 빼앗겨 약 60년간 필립 왕조의 치하에서 굴욕적인 지배를 경험하게 되고 이후 왕권을 복권하고 자주권을 되찾은 것은 1640년이었다.

　포르투갈은 동양교역이 침체되었던 16세기 중반부터 이미 사양화된 국력을 회복하기 위해 식민지 브라질에 눈길을 돌리기 시작했다. 이때부터 브라질은 포르투갈의 부양을 책임지는 경제의 젖줄이 되었다. 광활한 브라질 땅은 많은 포르투갈인들을 끌어 들였다. 기후조건이 적합한 지역에서는 대규모 단일경작 제도가 실시되었다. 식민 초기에 아프리카 노예를 이용한 사탕수수 경제, 광산업, 목축업, 고무와 카카오 농장, 커피 산업으로 이어지는 브라질 경제는 전적으로 포르투갈을 부양하기 위한 것이었다.

1822년 브라질의 독립 이후 포르투갈은 1970년대에 아프리카의 앙골라와 모잠비크 등의 식민지 마저 상실하고 국내적으로도 살라자르의 장기 독재가 와해되고 1974년 4월 25일 군부혁명을 경험하게된다. 1980년 실시된 선거에서는 민주동맹의 사 까르네이루가 수상으로 임명되어 유럽 공동시장 가입을 추진하였고 이후 유럽 연합의 일원이 된 포르투갈은 까바꼬 실바 수상의 영도하에 경제 발전과 국력신장의 기틀을 마련하였고 이후 부터 유럽 선진국들과의 보폭을 맞추기 위해 열심히 노력하고 있다.

포르투갈은 흔히 3F로 상징된다고 한다. 즉, 축구(Futebol), 파띠마(Fátima) 그리고 파두(Fado)가 그것이다. 축구는 온 국민이 사랑하는 국기로서, 성모 마리아가 여러 차례 나타나신 파띠마는 카톨릭 성지로서 그리고 운명을 뜻하는 애절하고 서정적인 국민음악 파두는 그들 모두의 마음을 달래는 음악으로서 포르투갈을 상징하는 것이다.

브라질은 포르투갈과 분리하여 생각할 수 없는 나라이다. 1500년 뻬드루 알바레스 까브랄에 의해 발견된 브라질의 국명은 해안지대를 따라 무수히 자생하고 있었던 빠우 두 브라질이라는 단단하고 붉은 빛을 띤 나무 이름에서 연유한다.

스페인의 식민권인 멕시코와 페루 등지에서 귀금속이 발견되자

다급해진 포르투갈 왕실은 엘도라도의 꿈을 실현시키기 위해 해안지대를 답사했지만 기대했던 귀금속은 발견되지 않았다. 그러나 마침 유럽에서 발전 일로에 있었던 섬유산업과 병행하여 염료의 필요성이 절실해지자 이 빠우 두 브라질 나무를 벌목해서 포르투갈에 공급하면서 브라질이라는 식민지를 재인식하기 시작했다.

브라질은 포르투갈이라는 나무의 가장 큰 가지에 비유된다. 그러나 1822년 브라질이 독립을 쟁취하자 포르투갈은 줄기는 없고 뿌리만 남은 식물에 비유되기도 했다. 그만큼 두 나라의 관계는 밀접했다. 그 이유는 포르투갈의 문화, 언어, 종교와 그들의 전통이 브라질을 이룩한 근본 요소가 되기 때문이다.

그러나 독립 이후 양국의 관계는 소원해지기 시작했고 1889년 공화정이 수립된 이래 권위주의 시대로 일컫는 군부의 장기 독재(1964~1985)를 거쳐 1985년에 민간정부가 출현하였고 극심한 인플레와 외채 그리고 무역 불균형으로 어려움을 겪었으나 최근 차츰 경제가 회복되고 정치적 안정도 되찾고 있다.

국토 면적에 있어 세계 제 4위인 850만㎢, 인구 1억 5천만의 브라질은 남미 대륙의 43%를 차지하고 수많은 스페인 식민권에 에워쌓여 있지만 남미 최대의 경제 대국으로 위치를 확고히 하고 있다.

1808년 유럽계 이주민을 받아들이면서 시작된 이민정책으로 유럽 뿐만 아니라 미국 전쟁 이후 미국인들이 들어왔고 1891년 헌법으로 이민에 대한 각 주들의 자치권이 부여되자 일본인들이 들어왔고 이후 한국을 비롯한 아시아계 이민도 많아졌다.

이처럼 브라질은 백인, 흑인, 원주민을 비롯해서 다양한 피부색의 이민들로 구성된 다민족 사회이다. 저명한 사회학자 쟈끄 람베르는 두 개의 브라질이 공존한다고 한다. 즉, 브라질에는 유럽과 미국을 능가하는 선진 문화권과 출생신고를 하지 못해 죽었을 때 사망신고도 할 수 없는 오지의 미개문화가 공존한다는 것이다.

다민족 사회의 다양한 혼혈이 이루어낸 독특한 민족성은 항상 낙천적이고 굼뜨지만 정열적인 그들의 개성으로 대변된다. 그들은 어떤 어려움에도 결코 두려워하지 않는다. 내일이 있기 때문이다. 내일 봅시다(아떼 아마냥)라는 인사에서 우리는 결코 서두르지 않는 여유를 느낄 수 있다.

사실 그들에게는 그럴만한 이유가 있다. 세계 최대의 자원 보국인 광활한 영토, 항상 그들에게 즐거움을 주는 세계 최강의 축구, 리우 카니발을 위시한 다양한 구경거리들… 그래서 부자는 부자대로, 빈자는 빈자대로 형편에 따라 찾을 수 있는 삶의 즐거움이 있는 곳이 바로 브라질이다.

포르투갈어의 발음과 특징

포르투갈어는 포르투갈, 브라질, 앙골라, 모잠비크를 비롯하여 전세계적으로 7개국이 공용어로 사용하고 있는 언어이다. 사용국의 수는 스페인어에 비해 적으나 사용면적에서는 훨씬 앞서는 포르투갈어는 매우 중요한 언어임에 틀림없다. 포르투갈어는 포르투갈과 브라질에서 발음상으로 약간의 차이점을 지닌다. 따라서 발음의 특징을 잘 익혀 활용에 차질이 없도록 해야할 것이다.

1) 모음의 발음

A.　　ㄱ 우리말의 "아" 보다 크게 발음한다.

amigo 아미구 친구

ⓛ 우리말의 "아" 와 "어"의 중간 발음을 한다.
cama 까(꺼)마 침대

ⓒ "아"의 비음으로 발음한다.
banho 방유 목욕

E. ⓐ 우리말의 "에" 보다 크게 발음한다.
mel 멜 꿀

ⓛ 우리말 "에" 보다 훨씬 적게 발음한다.
mês 메스 달(月)

ⓒ "에"의 비음으로 발음한다.
homem 오멩 사람

I. ⓐ 우리말의 "이"와 같이 발음한다.
cidade 시다디 도시

ⓛ "이"의 비음으로 발음한다.
fim 핑 끝

O. ⓐ 우리말의 "오" 보다 훨씬 크게 발음한다.
farol 파롤 등대

ⓛ 우리말의 "오" 보다 작게 발음한다.
avô 아보오 할아버지

ⓒ "오"의 비음으로 발음한다.
bom 봉 좋은

U.   우리말의 "우"와 비슷하게 발음한다.
uva 우바   포도

2) 자음의 발음

B.   "ㅂ"으로 발음한다.
beber 베베르   마시다

C.   ㉠ e, i 앞에서는 "ㅅ" 발음이다.
cigarro 시가후   담배

㉡ a, o, u 앞에서는 "ㄲ" 발음이다.
comer 꼬메르   먹다

Ç.   "ㅅ"으로 발음한다.
aço 아쑤   강철

CH. "쉬"로 발음한다.
chuva 슈바   비

D.   ㉠ "ㄷ"으로 발음한다.
dormir 도르미르   자다

㉡ 브라질에서는 di, de가 "지"로 발음된다.
포르투갈은 어두의 di는 "디"로, 어미의 de는 "드"
로 발음된다.
dia 지아(브), 디아(포)   날
tarde 따르지(브), 따르드(포)   오후

F. "ㅍ"으로 발음한다.
　　fome 　포미　 배고픔

G. e, i 앞에서는 "ㅈ"으로 발음하며 그외에는 "ㄱ"으로 발
　　음한다.
　　gente 　젠띠　 사람
　　gado 　가두　 가축

H. 무성음으로 발음하지 않는다.
　　hotel 　오뗄　 호텔

J. "ㅈ"으로 발음한다.
　　jornal 　죠르날　 신문

L. "ㄹ"로 발음한다.
　　livro 　리브루　 책

M. ㉠ 어두나 모음과 모음 사이 또는 d, t 앞에 놓이면
　　"ㅁ"으로 발음한다.
　　mala 　말라　 가방

　　㉡ 어미에 왔을 때는 "ㅇ"으로 발음한다.
　　som 　송　 소리

N. ㉠ 어두, 모음 사이, 자음 뒤 또는 d, t 앞에서는 "ㄴ"으
　　로 발음된다.
　　novo 　노부　 새로운

ⓛ c, g 앞에서는 "ㅇ"으로 발음된다.

branco 브랑꾸 흰

NH. "니"로 발음한다.

vinho 비뉴 포도주

P. "ㅂ"과 "ㅃ"의 중간소리로 발음한다.

pai 빠이 아버지

Q. 항상 u와 함께 쓰이며 "ㄲ"으로 발음한다.

quarto 꽈르뚜 방

R. ㉠ 어두에 나오는 r의 발음은 "ㅎ"에 가까운 "ㄹ" 발음
이다.

rosa 로(호)사 장미

ⓛ 그 밖의 위치에서는 "ㄹ" 발음이지만 rr의 경우는
"ㅎ" 발음이다.

pensar 뻰사르 생각하다

correio 꼬헤이우 우체국

S. ㉠ 어두, 자음 뒤, ss이면 "ㅅ"으로 발음한다.

sapato 사빠뚜 신발

ⓛ 모음과 모음 사이의 s는 "ㅈ" 발음이다.

mesa 메자 탁자

ⓒ 유성자음(b, d, g, j, l, m, n, r, v, z)의 앞에 나오는
경우에도 "ㅈ" 발음이다.

desde 데즈디 ~로부터

T.　㉠ "ㄸ"으로 발음한다.

    tempo　떼뿌　기후

  ㉡ 브라질에서는 어두의 ti와 어미의 te가 "ㅉ"으로 발음된다.

    tio　찌(띠)우　아저씨

V.　"ㅂ"으로 발음된다.

    vaca　바까　암소

X.　㉠ 어두에서는 "ㅅ" 발음이다.

    xarope　샤로삐　시럽

  ㉡ 접두어 ex 다음에 모음이 오면 "ㅈ"으로 발음한다.

    exame　이자미　시험

  ㉢ 모음과 모음 사이에 올 때는 "ks"로 발음한다.

    sexo　섹수　성

  ㉣ 어미에 오면 "ks"이다.

    tórax　또락스　흉부

Z.　㉠ 어미의 경우 "ㅅ" 발음이다.

    feliz　펠리스　행복한

  ㉡ 그 외에는 "ㅈ"으로 발음한다.

    zero　제루　영(ㅇ)

기본회화

주의사항 한마디

　낯선 외국인과 마주했을 때 간단한 인사와 미소 처럼 중요한 것은 없을 것이다. 우리나라 사람들은 외국인과 만났을 때 혹시 실수하지 않을까 두려워 잔뜩 긴장하거나 말도 꺼내기 전 겁을 먹는 경우가 많다.

　시종 여유를 가지고 미소짓는 얼굴에 간단한 인사말을 자신있게 표현해보자. 그러면 상대방도 마음을 열고 당신이 서툰 표현을 하더라도 얼굴표정으로도 충분히 당신의 마음을 읽고 친절히 대할 것이다.

　세계적으로 포르투갈어를 공용어로 사용하는 국가는 7 개국이지만 이 중 포르투갈과 브라질이 대표적인 나라들이다.양국에서 사용하는 포르투갈어는 오늘날 미국과 영국의 영어가 발음상으로 차이가 나듯이 상당한 차이점을 나타낸다.

　따라서 이 책에서는 우리나라 동포들이 많이 거주하고 교류가 더욱 활발한 브라질의 발음을 중심으로 하였지만, 가급적 양국 공통으로 적용되는 발음상의 기본 규칙을 따르도록 노력했다. 양국에서 발음상의 차이점은 앞에서 자세히 언급하였으니 참조하시기 바란다. 아울러 양국 발음을 확실히 구분할 필요가 있을 때는 포르투갈은 (포), 브라질은 (브)로 표시할 것이다.

인사말

포르투갈어의 인사말은 오전, 오후 그리고 저녁에 따라 각각 다르다. 따라서 시간을 잘 생각하고 인사말을 선택해야한다.

안녕하세요. (아침인사)

Bom dia!

봉 지아(브), 본 디아(포)!

안녕하세요. (오후인사)

Boa tarde!

보아 따르지(브), 보아 따르드(포)!

안녕하세요. (저녁인사)

Boa noite!

보아 노이찌(브), 보아 노이뜨(포)!

만나서 반갑습니다.

Muito prazer em vê-lo.

무이뚜 쁘라제르 잉 벨-로.

안녕하세요. (영어의 how are you)

Como está?

꼬무 이스따?

안녕하세요	Olá	올라
잘 알겠습니다	Eu sei bem	에우 세이 벵
정말(로요)	É verdade	에 베르다디
그럴지도 모르지요	Talvez	딸베스
결코아닙니다	nunca	눈까

앉으세요.

Sente-se, por favor.

센띠-시, 뽀르 파보르.

당신도 그렇게 하시죠.

Igualmente.

이구알멘띠.

날씨가 그만인데요.

Que belo dia!

끼 벨루 지아!

비가 오는군요.

Está chovendo.

이스따 쇼벤두.

정말이군요.

É verdade.

에 베르다디.

쉬다	descansar	디스깐사르
좋은	bom(여성형은 boa)	봉(보아)
친절한	bondoso(여성형은 어미가 a)	본도주(자)
날	dia	지아
당신 역시	Você também	보세 땅벵

안녕히 주무세요.

Boa noite. Durma bem.

보아 노이찌. 두르마 벵.

잘 가세요.(잘 계세요)

Passe bem.

빠씨 벵.

당신도요. 안녕히 계세요.

Igualmente. Adeus.

이구알멘띠. 아데우스.

먼저 가시지요.

Passe primeiro.

빠씨 쁘리메이루.

고맙습니다. 친절하시군요.

Obrigado(a). Muito gentil.

오브리가두(다). 무이뚜 젠띨.

아침	Amanhã	아마냥
낮	Dia	지아(브)
저녁	Noite	노이쩨(브)
매우, 아주	Muito	무이뚜
물론이죠	Certo	세르뚜

또 봐요.

Até logo.

아떼　로구.

내일 봬요.

Até amanhã.

아떼　아마냥.

잘가요!

Adeus!

아데우스!

안녕!

Tchau!

차우!

또 봐요.

Até breve.

아떼　브레비.

감사 및 사과

포르투갈어에서는 모든 명사들이 여성과 남성으로 구분되며 이 명사들을 꾸며주는 형용사도 그 어미가 일치되어야 한다. 대표적인 어미로는 여성(a)와 남성(o)가 있다.

고맙습니다. (남성이 말할 때)

Obrigado.

오브리가두.

고맙습니다. (여성이 말할때)

Obrigada.

오브리가다.

천만에요.

De nada.

디 나다.

미안합니다.

Desculpe.

디스꿀뻬.

실례합니다.

Com licença.

꽁 리센싸.

문제	problema	쁘로블레마
빠른	rápido	라삐두
손목시계	relógio pulseira	렐로지우 뿔세이라
어때요	que tal	끼 딸
맞습니다	Tem razão	뗑 라자웅

무슨 문제라도?

Algum problema?

알궁　　쁘로블레마?

아니요. 전혀 문제 없습니다.

Não. Não tenho nada.

나웅.　　나웅　　뗑유　　나다.

다행이군요.

Está bom.

따　　봉.

미안합니다. 우리가 늦었습니다.

Sinto muito. Estamos atrazados.

신뚜　　무이뚜.　　이스따무스　　아뜨라자두스.

괜찮습니다.

Não há problema.

나웅　　아　　쁘로블레마.

자기소개

처음 만나는 사람에게는 먼저 자신
의 이름을 밝히고 악수를 청한다.
이때 상대가 여자인 경우에는 여자
가 먼저 손을 내밀어야 예의이다.

처음 뵙겠습니다.

Como está você?

꼬무   이스따   보세?

제 이름은 최 성호입니다.

Chamo-me Sung Ho Choi.

샤무-미   성   호   초이.

뵙게(알게)되어 반갑습니다.

Muito prazer em vê-lo.

무이뚜   쁘라제르   잉   벨-루.

저도 뵙게되어 반갑습니다.

Igualmente.

이구알멘띠.

저를 성호라고 불러주세요.

Chamo-me Sung Ho.

샤무-미   성   호.

이름	nome	노미
만나다	encontrar	인꼰뜨라르
기쁩니다	muito prazer	무이뚜 쁘라제르
부르다	chamar	샤마르
말하다	falar	팔라르

어디서 오셨나요?

De onde veio?

디 온디 베이우?

한국에서 왔습니다.

Venho da Coréia.

벵유 다 꼬레이아.

저는 대학생입니다.

Sou estudante da universidade.

소우 이스뚜단띠 다 우니베르시다디.

우리는 브라질 사람입니다.

Somos brasileiros.

소무스 브라질레이루스.

우리는 관광객이지요.

Somos turistas.

소무스 뚜리스따스.

포르투갈어를 조금 밖에 못합니다

비록 외국어를 잘 못 하더라도 꼭 필요한 일상화화
는 몇 개 기억하였다가 사용하면 상대방은 친절히
대할 것이다.

포르투갈어 하십니까?

Fala Português?

팔라 뽀르뚜게스?

조금밖에 못합니다.

Falo um pouquinho.

팔루 웅 뽀우끼뉴.

뭐라고 하셨죠? 다시 한번 말씀해 주실까요?

Desculpe. Poderia repetir isto?

디스꿀삐. 뽀데리아 레뻬띠르 이스뚜

무슨 뜻인지 잘모르겠습니다.

Não entendo.

나웅 인뗀두.

좀 써주십시오.

Pode escrevê-lo.

뽀디 이스끄레베-로.

그저/조금만	só um pouco	쏘 웅 뽀우꾸
더 천천히	mais devagar	마이스 디바가르
더 분명히	mais claro	마이스 끌라루
쉬운 포르투갈어로	em português fácil	잉 뽀르뚜게스 파실

물론이죠.

Pois não.

뽀이스   나웅.

죄송하지만 천천히 말씀해주세요.

Por favor, fale devagar.

뽀르   파보르,   팔리   디바가르.

한가지 여쭤 볼까요?

Uma pergunta, por favor?

우마   뻬르군따,   뽀르 파보르?

나를 도와주실 수 있습니까?

Pode ajudar-me?

뽀디   아쥬다르-미?

이게 무슨 의미인가요?

O que significa isso?

우   끼   시그니피까   이쑤?

질문과 대답

여행중 모르는 것이 있다면 무엇 이든지 적극적으로 묻는 자세가 필요하다.

부인 실례합니다.

Sinto muito, senhora.

신뚜 무이뚜, 시뇨라.

네, 뭘 도와드릴까요?

Sim, em que posso ajudá-lo?

싱, 잉 끼 뽀쑤 아쥬다-로?

지금 몇시이죠?

Que horas são, por favor?

끼 오라스 사웅, 뽀르 파보르?

거의 정오가 되었어요.

É quase meio-dia.

에 꽈지 메이우-지아.

이것을 포르투갈어로 뭐라고 합니까?

Como se diz isso em português?

꼬무 시 디스 이쑤 잉 뽀르뚜게스?

어디 있습니까	Onde fica	온디 피까
화장실	banheiro	방에이루
층	andar	안다르
운임	taxa	따샤
지하철	metrô	메뜨로

실례합니다. 화장실은 어디 있습니까?

Sinto muito. Onde fica o banheiro?

신뚜 무이뚜. 온디 피까 우 방에이루?

몇층입니까?

Em que andar?

잉 끼 안다르?

은행이 어디 있는지 가르쳐 주십시오.

Onde fica o banco?

온디 피까 우 방꾸?

지하철 입구가 어디에 있는지 가르쳐 주십시오.

Como posso ir à entrada do metrô?

꼬무 뽀쑤 이르 아 인뜨라다 두 메뜨로?

곧장 가세요 / 오른 편에 / 왼 편에

diretamente / à direita / à esquerda

디레따멘띠 아 디레이따 아 이스께르다

도착까지

주의사항 한마디

해외여행은 항상 긴장의 연속이다. 그래서인지 입국시 관리들
이 묻는 말에 당황하는 경우가 많다. 그러나 그들이 묻는 말은 여
행목적, 체류기간 및 체류장소에 관한 것으로 고정되 있어 이에
대한 대답을 미리 생각해두면 큰 어려움이 없을 것이다.

방문 목적은 무엇 입니까?
Qual é o objetivo da sua visita?

꽐 에 우 오브제띠부 다 수아 비지따?

관광입니다.
Para turismo.

빠라 뚜리스무.

얼마 동안 머무르실 겁니까?
Quanto tempo vai ficar?

꽌뚜 뗌뿌 바이 피까르?

열흘입니다.
dez dias.

데스 디아스.

어디에 체류합니까?
Onde vai ficar?

온디 바이 피까르?

리우 호텔입니다.
no hotel Rio.

누 오뗄 리우.

입국심사가 끝나고 짐을 찾아 나올 때 세관검사가 기다린다. 만일 아무 것도 신고할 것이 없다면 녹색 출구를 이용하지만 신고할 물건이 있으면 적색출구를 이용한다. 이때도 세관원의 질문이 행해진다.

여권을 보여 주세요.
O seu passaporte, por favor.
우 세우　빠싸뽀르띠,　뽀르 파보르.

신고할 물건이 있습니까?
Tem alguma coisa a declarar?
뗌　알구마　꼬이자 아 디끌라라르?

아니요, 없습니다.
Não, nada a declarar.
나웅,　나다 아 디끌라라르.

예, 여기 있습니다.
Sim, tenho aqui.
싱,　뗑유　아끼.

이 가방 좀 열어주세요.
Abra a mala, por favor.
아브라 아　말라,　뽀르 파보르.

세관 검사대에서 우리나라 사람들이 항상 지적받는 물건은 식품류가 대부분이다. "이것이 무엇인가요? O que é isto? 우 끼 에 이스

주의사항 한마디

"라고 물었을 때 답할 수 있도록 다음의 단어들은 기억해 두자.

김	alga marinha	알가 마린냐
절임	picles	삐끌리스
젓갈	ovos salgados de peixe	오부스 살가두스 디 뻬이쉬
단무	rabanete conservado em vinagre	라바네띠 꽁세르바두 잉 비나그리
쌀과자	biscoito de arroz	비스꼬이뚜 디 아호스
라면	macarrão instantâneo	마까하웅 잉스딴따니우
된장	molho de soja	몰류 디 소쟈
고추장	molho de pimenta	몰류 디 삐멘따
고추가루	pó de pimenta	뽀오 디 삐멘따
간장	molho de soja	몰류 디 소쟈
미역	alga marinha	알가 마린냐
인삼차	chá de ginseng	샤 디 진셍
멸치	anchova	앙쇼바

비행기 안에서

브라질까지의 비행기 띠행은 20시간 이상이
걸리고 중간에 한번 기착해야하는 장거리 여
행이다. 포르투갈까지도 거의 15시간 이상이
걸리는 거리이다.

실례합니다.

Desculpe!

디스꿀삐!

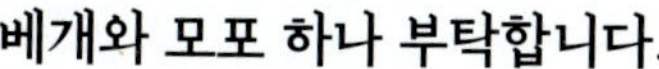

베개와 모포 하나 부탁합니다.

Uma almofada e um cobertor, por favor!

우마　　　알모파다　　이　웅　　꼬베르또르,　　뽀르　파보르!

(저녁)식사 전에 무엇을 마시겠습니까?

Que desejaria tomar antes de jantar?

끼　　디세자리아　　또마르　　안띠스　디　쟌따르?

붉은 포도주를 원합니다.

Vinho tinto, por favor.

비뉴　　띤뚜,　　뽀르　파보르.

한 병에 10 레아이스입니다.

Custa dez reais uma garrafa.

꾸스따　데즈　레아이스　우마　　가하파.

비었음	vago(a)	바구(가)
사용중	ocupado(a)	오꾸빠두(다)
구명자켓	colete salva - vidas	꼴레띠 살바 비다스
(영화, 음악용) 콘센트	tomada	또마다
두통	dor de cabeça	도르 디 까베싸

달러 받으세요?

Posso pagar em dólares?

뽀쑤　빠가르　잉　돌라레스?

물론이죠.

Certamente.

세르따멘띠.

현금인가요 여행자 수표인가요?

Nota ou cheque de viagem?

노따　오우　쉐끼　디　비아젱?

아무거나 쓸 수 있습니다.

Qualquer.

꽐께르.

현금을 쓰실 수 있습니다.

Pode usar nota.

뽀디　우자르　노따.

머리위의 선반	compartimento	꽁빠르띠멘뚜
실냉	doença	도엥싸
좌석벨트	cinto de segurança	신뚜 디 세구란싸
좌석간 통로	coxia	꼬쉬아
재떨이	cinzeiro	신제이루

식사 때 깨워주시오.

Acorde-me para refeição, por favor.

아꼬르디-미　빠라　레페이싸웅,　뽀르 파보르.

치킨으로 하실까요, 소고기로 하실까요?

Frango ou carne de vaca?

프랑구　오우　까르니　디　바까?

치킨/소고기(으)로 주세요.

Frango / carne de vaca, por favor.

프랑구　까르니　디　바까,　뽀르 파보르.

오렌지 쥬스 있어요?

Tem suco de laranja?

뗑　수꾸　디　라랑쟈?

멀미약 좀 주십시오.

Quero algum medicamento para enjôo.

께루　알궁　메디까멘뚜　빠라　인죠우.

우유	leite	레이띠
차	chá	샤
포도주	vinho	비뉴
맥주	cerveja	세르베쟈
칵테일	coquetel	꼬끼뗄

좌석을 뒤로 젖혀도 됩니까?

Posso empurrar meu assento para trás?

뽀쑤　　잉뿌하르　　메우　　아쎈뚜　　빠라 뜨라스?

그럼은요.

Sim, pode.

싱,　　뽀디.

그 단추만 누르면 됩니다.

Só empurre aquele botão.

쏘　　잉뿌리　　아껠리　　보따웅.

아, 그러면 되는군요.

Ah, eu sei.

아,　에우 세이.

간단하죠.

É fácil.

에　파실.

단추	botão	보따옹
누르다	empurrar	잉뿌하르
담배	cigarro	시가후
잡지	revista	레비스따
신문	jornal	죠르날

맥주 하나 더 주시오.

Mais uma serveja, por favor.

마이스 우마 세르베쟈, 뽀르 파보르.

무슨 담배가 있나요?

Que marca de cigarro você tem?

끼 마르까 디 시가후스 보세 뗑?

한국어 잡지 있습니까?

Você tem algumas revistas coreanas?

보세 뗑 알구마스 레비스따스 꼬레아나스?

한국어판 신문 있어요?

Alguns jornais coreanos?

알궁스 죠르나이스 꼬레아누스?

혹시 놀이카드 있으신가요?

Alguma carta de jogar?

알구마 까르따 디 죠가르?

상표	marca	마르까
짐	bagagem	바가젱
면세	livre de imposto	리브리 디 잉뽀스뚜
여기	aqui	아끼
구석	esquina	이스끼나

네, 있어요.

Sim, tenho.

싱. 뗑유

곧 가져다드리겠습니다.

Um momento, vou trazer logo.

웅 모멘뚜, 보우 뜨라제르 로구.

미안합니다. 없습니다.

Sinto muito, não tenho.

신뚜 무이뚜, 나웅 뗑유.

신문 가져왔습니다.

Aqui estão os jornais.

아끼 이스따웅 우스 죠르나이스.

어떤 신문을 원하십니까?

Qual jornal você prefere?

꽐 죠르날 보세 쁘리페리?

공항대기

우리나라에서 브라질을 여행할 때는 주로 로스
엔젤레스를 경유한다. LA에서는 대합실에서
대기하게되며 밀입국 방지를 위한 감시가 철저
하다.

여기에 짐을 놓고가도 됩니까?

Posso deixar minha bagagem aqui?

뽀쑤　데이샤르　민냐　바가젱　아끼?

그럼요.

Certamente.

세르따멘띠.

면세점들이 여기 있습니까?

Tem "duty free shop" aqui?

뗑　듀티　푸리　샵　아끼?

예, 저 모퉁이를 돌면 있습니다.

Sim, há uma na esquina.

싱,　아　우마　나　이스끼나.

감사합니다.

Obrigado(a).

오브리가두(다).

비행시간	hora de vôo	오라 디 보오우
이륙	decolagem	디꼴라젱
착륙	aterrissagem	아떼히싸젱
고도	altitude	알띠뚜디
기항	trânsito	뜨란지뚜

얼마나 기다려야 합니까?

Quantas horas tenho de esperar?

꽌따스 오라스 뗑유 디 이스뻬라르?

두시간 반이요.

duas e meia.

두아스 이 메이아.

쇼핑을 좀 하지요.

Vamos fazer compras.

바무스 파제르 꽁쁘라스.

무엇을 사시려구요?

Que desejaria comprar?

끼 디제쟈리아 꽁쁘라르?

우리 애들 선물이죠.

Presentes para meus filhos.

쁘레젠띠스 빠라 메우스 필류스.

입국심사

브라질의 입국심사는 포르투갈보다 까다로운 편이다. 그러나 비자를 갖고 있고 하자가 없으면 입국에는 큰 문제가 없다.

안녕하세요. 여권 좀 보여 주시겠어요?

Bom dia. Posso ver o seu passaporte?

봉 지아. 뽀쑤 베르 우 세우 빠싸뽀르띠?

네, 여기 있습니다.

Sim, aqui está.

싱, 아끼 이스따.

당신은 한국인입니까?

O Senhor(A Senhora) é coreano(a)?

우 시뇨르(아 시뇨라) 에 꼬레아누(나)?

그렇습니다.

Sou, sim.

소우, 싱.

브라질(포르투갈)에 얼마 동안 머무를 예정이지요?

Quanto tempo vai ficar no Brasil(em Portugal)?

꽌뚜 뗑뿌 바이 피까르 누 브라질(잉 포르투갈)?

목적	objetivo	오브제띠부
방문	visita	비지따
관광	turismo	뚜리스무
여행	viagem	비아젱
업무	negócio	네고시우

방문 목적은 무엇입니까?

Qual é o objetivo da sua visita?

꿜 에 우 오브제띠부 다 수아 비지따?

관광입니다.

Turismo.

뚜리스무.

업무입니다. (상용입니다.)

Estou aqui em viagem de negócios.

이스또 우 아끼 잉 비아젱 디 네고시우스.

누님을 방문하려구요.

Para visitar minha irmã.

빠라 비지따르 민냐 이르멍.

언어연수요.

Para aprender a língua.

빠라 아쁘렌데르 아 링구아.

대학교	universidade	우니베르시다디
주(州)	Estado	이스따두
직업	emprego	잉쁘레구
훈련	treino	뜨레이누
회의	conferência	꼰페렌시아

부모님을 만나 뵈려구요.

Para ver meus pais.

빠라 베르 메우스 빠이스.

당신네 아름다운 나라를 구경하려구요.

Para ver seu bonito país.

빠라 베르 세우 보니뚜 빠이스.

단지 통과여객입니다.

Estou só de passagem.

이스또우 쏘 디 빠싸젱.

어디에서 묵을 겁니까?

Onde vai ficar?

온디 바이 피까르?

동 뻬드루 호텔에서 묵을 겁니다.

Vou ficar no hotel D. Pedro.

보우 피까르 누 오뗄 동 뻬드루.

내국인(시민권자)	cidadão	시다다웅
외국인	estrangeiro(a)	이스뜨랑제이루(라)
거주자	residente	레지덴띠
영주권	documento permanente	도꾸멘뚜 뻬르마넨띠
얼마 동안	Quantos dias	꼰뚜스 디아스

소지하고 계신 돈은 얼마입니까?

Que quantia de dinheiro o senhor(a senhora) tem?

끼 꽌띠아 디 디녜이루 우 시뇨르(아 시뇨라) 뗑?

대략 3만 레아이스입니다.

Mais ou menos trinta mil reais.

마이스 오우 메누스 뜨린따 밀 레아이스.

20 만 레아이스입니다.

Tenho duzentos mil reais.

뗑유 두젠뚜스 밀 레아이스.

대략 4 만 에스꾸두입니다.

Mais ou menos quarenta mil escudos.

마이스 오우 메누스 꽈렌따 밀 에스꾸두스.

50 만 에스꾸두입니다.

Quinhentos mil escudos.

끼녠뚜스 밀 에스꾸두스.

삼촌, 아저씨	tio	띠우
집/장소	lugar	루가ㅁ
머물다	permanecer	뻬르마네세르
여권	passaporte	빠싸뽀르띠
비자	visto	비스뚜

내 친구 아파트에서요.

No apartamento do meu amigo.

누　　아빠르따멘뚜　두　메우　아미구.

삼촌 댁에서요.

Na casa do meu tio.

나　까자　두　메우　띠우.

주소가 어떻게 됩니까?

Qual é o seu endereço?

꽐　에 우 세우　인데레쑤?

여기, 이것입니다.

Aqui, é este.

아끼,　에 에스띠.

좋습니다. 즐거운 여행되세요.

Tá bom. Tenha uma boa viagem.

따　봉,　뗑야　우마　보아　비아젱.

짐이 없어졌다

짐이 노착하지 않았을 때는 당황하지
말고 분실물 신고 센터에 알리기 바
란다. 짐을 분실한 경우 필히 체제하
는 곳의 주소를 남기도록 해야한다.

내 짐이 없어졌는데요.

Minha bagagem está perdida.

민냐　　바가젱　　이스따　　뻬르디다.

타고 오신 비행기 편은?

Qual foi o seu vôo?

꽐　포이 우 세우　보오우?

타고 온 비행기는 바리그 234 편이었습니다.

Meu vôo foi Varig 234.

메우　보오우 포이　바리그 두젠뚜스 이 뜨린따 이 꽈뜨루.

바리그 항공 카운터는 어디이죠?

Onde é o balcão da Varig?

온디　에우　발까웅　다　바리그?

이 쪽으로 가시다 우측입니다.

Siga em frente nesta direção, depois à sua
direita.

시가 잉 프렌띠 네스따 디레싸웅, 디뽀이스 아 수아 디레이따.

세관에서

브라질의 공항에서 짐을 찾은 후에
신고할 물건이 없으면 녹색 출구를,
신고할 물건이 있으면 적색 출구를
이용한다.

신고할 것이 있습니까?

Tem alguma coisa a declarar?

뗑   알구마   꼬이자 아 디끌라라르?

아니요, 아무 것도 없습니다.

Não, nada a declarar.

나웅,   나다 아   디끌라라르.

예, 여기 있습니다.

Sim, tenho aqui.

싱,   뗑유   아끼.

이게 무엇입니까?

Que é isto?

끼   에 이스뚜?

카메라입니다.

É máquina fotográfica.

에   마끼나   포또그라피까.

신고하다	declarar	디끌라라르
개인적인/사적인	privado(a)	쁘리바두(다)
선물	presente	쁘레젠띠
(포괄적인)물건	coisas	꼬이자스
환전소	agência de câmbio	아젠시아 디 깡비우

이 가방에 뭐가 들어 있습니까?

Que tem nesta mala?

끼 뗑 네스따 말라?

이것은 제가 쓰는 물건입니다.

É para uso pessoal.

에 빠라 우조 뻬쏘알.

담배 한 보루예요.

É um pacote de cigarros.

에 웅 빠꼬띠 디 시가후스.

저건 뭐지요?

O que é aquilo?

우 끼 에 아낄루?

그건 포도주 한병입니다.

É uma garrafa de vinho.

에 우마 가하파 디 비뉴.

돈 바꾸기

포르투갈의 화폐단위는 에스꾸두(escudo)
이고 이 것은 100센따부스(centavos)로 니
누어 진다. 브라질은 레알(real)을 기본단위
로 하고 있지만 최근까지 끄루제이루
(cruzeiro)가 사용되었다.

환전소가 어디이죠?

Onde fica a agência de câmbio?

온디　피까　아　아젠시아　디　깜비우?

저 쪽에 있어요.

Por ali.

뽀르 알리.

이 여행자 수표를 바꿔 주시겠어요?

Pode trocar estes cheques de viagem?

뽀디　뜨로까르　에스띠스　쉐끼스　디　비아젱?

이 돈을 에스꾸두로 바꿔 주시겠어요?

Pode trocar meu dinheiro em escudos?

뽀디　뜨로까르　메우　디녜이루　잉　에스꾸두스?

이 돈을 레아이스로 바꿔 주시겠어요?

Pode trocar isto em reais?

뽀디　뜨로까르　이스뚜　잉　레아이스?

브라질 화폐	real	레알
포르투갈 화폐	Escudo	에스꾸두
동전	moeda	모에다
여행자 수표	cheque de viagem	쉐끼 디 비아젱
크레딧 카드	cartão de crédito	까르따웅 디 끄레디뚜

좋아요. 어떻게 드릴까요?

Bom, Como o senhor quer?

봉, 꼬무 우 시뇨르 께르?

50 에스꾸두하고 100 에스꾸두 짜리로요.

Em notas de cinquenta e cem escudos.

잉 노따스 디 싱껜따 이 셍 에스꾸두스.

잔돈으로 주세요.

Em notas miúdas.

잉 노따스 미우다스.

오늘 환율이 어떻게 되지요?

Qual é o câmbio de hoje?

꽐 에 우 깡비우 디 오지?

잔돈은 동전으로 주세요.

Troco em moedas.

뜨로꾸 잉 모에다스.

공항에서 호텔까지

도심 밖의 공항에서 시내의 호텔 까지
는 리무진 버스를 이용하는 것이 값도
저렴하고 안전하다.

실례합니다. 버스 정류장이 어디죠?

Desculpe. Onde é a parada de ônibus?

디스꿀뻬.　　온디　에 아　　빠라다　디　오니부스?

동 뻬드루 호텔 행 버스가 있습니까?

Há o ônibus para o hotel D. Pedro?

아　우　오니부스　　빠라 우　오뗄　동　뻬드루?

동 뻬드루 호텔로 갑니까?

Este é para o hotel D. Pedro?

에스띠 에　빠라 우　오뗄　동　뻬드루?

네, 그렇습니다. 타세요.

Sim, senhor. Suba.

싱.　　시뇨르.　　쑤바.

동 뻬드루 호텔 까지는 몇번째 정류장입니까?

Quantas paradas até o hotel D. Pedro?

꽌따스　　빠라다스　아떼 우　오뗄　동　뻬드루?

타다	tomar	또마르
내리다	descer	디쎄르
짐	bagagem	바가젱
택시 타는 곳	praça de táxis	쁘라싸 디 딱시스
얼마 입니까	Quanto custa	꼰뚜 꾸스따

약 일곱 정류장입니다.

Mais ou menos sete paradas.

마이스 오우 메누스 세띠 빠라다스.

시내 까지 얼마입니까?

Qual é o preço para o centro da cidade?

꽐 에 우 쁘레쑤 빠라 우 센뜨루 다 시다디?

1 레알입니다.

Um real.

웅 레알.

택시 정류장이 어디 입니까?

Onde posso apanhar um táxi?

온디 뽀쑤 아빠냐르 웅 딱씨?

택시 좀 불러 주세요.

Chame um táxi, por favor.

샤미 웅 딱씨, 뽀르 파보르.

요금	preço	쁘레쑤
거스르다	quebrar	께브라르
지폐	nota	노따
물론이죠	certamente	세르따멘띠
좋습니다	ótimo	오띠무

택시 요금이 얼마이지요?

Qual é o preço, por favor?

꽐 에 우 쁘레쑤, 뽀르 파보르?

28 레아이스입니다.

Vinte e oito reais.

빈띠 이 오이뚜 레아이스.

거스름 돈은 가지세요.

Pode ficar com o troco.

뽀디 피까르 꽁 우 뜨로꾸.

좀 천천히 운전해 주세요.

Pode ir mais devagar?

뽀디 이르 마이스 디바가르?

좀 기다려 주시겠어요?

Pode esperar-me?

뽀디 이스뻬라르-미?

옷가방	mala	말라
운반인	carregador	까헤가도르
할 수 있다	poder	뽀데르
서다	parar	빠라르
돌아오다	voltar	볼따르

10 분 안에 돌아 올께요.

Volto daqui a dez minutos.

볼뚜　다끼　아　데즈　미누뚜스.

이 주소로 가주세요.

Leve-me a este endereço.

레비- 미　아　에스띠　인데레쑤.

이 가방들을 내 방으로 가져다 주시겠어요?

Pode levar estas malas para meu quarto?

뽀디　레바르　에스따스　말라스　빠라　메우　꽈르뚜?

네. 몇 호실이죠?

Sim, Senhor(a). Qual é o número do quarto?

싱,　시뇨르(라).　꽐　에 우　누메루　두　꽈르뚜?

물론이죠. 잠시만요.

Certamente. Um momento, por favor.

쎄르따멘 띠.　웅　모멘 뚜,　뽀르　파보르.

호텔에서

- 주의사항 한마디
- 체크인
- 룸 서비스
- 호텔에서의 트러블
- 체크 아웃

주의사항 한마디

　　브라질과 포르투갈의 대도시에는 다양한 등급의 숙박시설이 있다. 따라서 자신의 경제적 사정을 고려하여 머무를 곳을 택해야 할 것이다. 호텔은 우리의 경우 처럼 주로 별의 숫자로 등급을 표시한다. 호텔급이 아니더라도 뻰사웅(pensão)이라 부르는 우리의 여관에 해당하는 숙박시설이 있다. 이들 중에는 시설도 훌륭하고 값도 저렴하며 교통이 편리한 곳들이 많으니 가급적 여행 안내서를 잘 활용하기 바란다. 또한 포르투갈에는 옛성곽을 개조해서 만든 뽀우사다스(pousadas)라는 아름답고 고색 창연한 숙박시설이  있다. 포르투갈 관광공사(ENATUR)가 운영하는 이 시설을 이용하려면 충분한 시간을 두고 예약을 해야 한다.

　　브라질과 포르투갈에서 예약은 필수적이다. 예로서 6월 이후에 리스본에는 싸구려 여인숙 까지도 초만원을 이룬다. 방 값이 천정부지로 오른다. 그러나 충분한 시간을 두고 사전에 예약을 하면 싸게 묵을 수 있을 것이다. 여름의 바캉스 시즌에 비 한방울 오지 않고 청명한 날씨가 계속되며 아름다운 해변을 끼고 있는 리스본을 비롯한 해변 도시들은 독일, 프랑스를 비롯한 중북부 유럽인들의 휴양지이다. 한편 브라질도 리우 디 쟈네이루의 꼬빠까바나 해변이나 그밖의 수많은 피서지에서는 사전에 충분한 정보를 얻어서 자칫 바가지 상혼에 휘말리지 않기를 바란다.

　　필자의 경험으론 포르투갈 여행중 한적한 시골에서 우연히 머물렀던 여인숙급 시설인 도르미다(dormida)나 레지덴시아(residencia)가 인상적이다. 삐걱대는 계단과 마루 소리가 신경쓰이지만 값이 싸고 깨끗한 곳들이 많다. 천장이 경사진 다락방은 그 중 값이 가장 싸고 시내를 조망할 수 있어 한번쯤 이용할만하다.

체크인

외국여행에서 숙소의 예약은 가장
중요한 일이지만 예약의 확인 역시
항시 유념해야 할 사항이다.

예약을 하고 싶은데요.

Quero reservar, por favor.

께루   레세르바르,   뽀르 파보르.

당신의 성함은?

Como se chama?

꼬무   시   샤마?

최 준호입니다.

Chamo-me Jun Ho Choi.

샤무- 미   준   호   초이.

나는 트윈 베드 룸을 원합니다.

Queria um quarto com duas camas.

께리아   웅   꽈르뚜   꽁   두아스   까마스.

바다가 보이는 방을 원합니다.

Queria um quarto com vista para o mar.

께리아   웅   꽈르뚜   꽁   비스따   빠라 우 마르.

예약	reservação	레세르바싸웅
숙박등록	registração	레지스뜨라싸웅
싸인(서명)	assinatura	아씨나뚜라
귀중품	objetos de valor	오브제뚜스 디 발로르
귀중품 보관박스	cofre	꼬프리

하룻밤에 얼마인가요?

Qual é o preço por noite?

꽐 에 우 쁘레쑤 뽀르 노이띠?

그 가격에는 아침식사가 포함됩니까?

O preço inclui o pequeno almoço?

우 쁘레쑤 잉끌루이 우 삐께누 알모쑤?

어린아이를 위한 할인은 있습니까?

Há desconto para criança?

아 디스꼰뚜 빠라 끄리앙싸?

너무 비싸군요.

É caro demais.

에 까루 디마이스.

더 싼 것 없습니까?

Não tem nada mais barato?

나웅 뗑 나다 마이스 바라뚜?

방	quarto	꽈르뚜
여기	aqui	아끼
잠시만요	um momento	웅 모멘누
저기	lá	라
일주일	uma semana	우마 세마나

여기 귀중품 보관박스가 있나요?

O senhor tem o cofre aqui?

우 시뇨르 뗑 우 꼬프리 아끼?

손님 방에 하나 있습니다.

Há um no seu quarto.

아 웅 누 세우 꽈르뚜.

얼마 동안 머무르실 예정인가요?

Quanto tempo fica o senhor?

꽌뚜 뗑뿌 피까 우 시뇨르?

우리는 일주일 머무를 겁니다.

Ficamos uma semana.

피까무스 우마 세마나.

아직 모르겠어요.

Ainda não sei.

아인다 나웅 세이.

상점, 가게	loja	로쟈
조용한	sossegado(a)	소쎄가두(다)
윗층에	num andar superior	눙 안다르 수뻬리오르
층	andar	안다르
화장실	toilette	또일레띠

방 좀 보여주시겠어요?

Posso ver o quarto?

뽀쑤 베르 우 꽈르뚜?

좋습니다. 그 방에 묵겠습니다.

Está bem. Fico com ele.

이스따 벵. 피꾸 꽁 엘리.

더 좋은 방 없습니까?

Há um quarto melhor?

아 웅 꽈르뚜 멜료르?

더 조용한 방 없습니까?

Há um quarto mais sossegado?

아 웅 꽈르뚜 마이스 소쎄가두?

전망이 더 좋은 방은 없습니까?

Há um quarto com vista melhor?

아 웅 꽈르뚜 꽁 비스따 멜료르?

룸서비스

브라질과 포르투갈에서는 팁이 일반화
되있다. 친절한 봉사에 대한 대가로 생
각하고 지불 총액의 10~15% 정도를 주
는 것이 적절하다.

룸서비스 부탁합니다.

Serviço de quarto, por favor.

세르비쑤 디 꽈르뚜, 뽀르 파보르.

네, 무엇을 원하십니까?

Sim, o que o senhor(a senhora) quer?

싱, 우 끼 우 시뇨르(아 시뇨라) 께르?

내일 아침식사 7시에 부탁합니다.

Café da manhã às sete horas amanhã.

까페 다 마냥 아스 세띠 오라스 아마냥.

여기는 312 호 실입니다.

Aqui é o quarto 312.

아끼 에 우 꽈르뚜 뜨레젠뚜스 이 도지

마실 뜨거운 물 좀 부탁합니다.

Quero água quente para tomar.

께루 아구아 껜띠 빠라 또마르.

출구	saída	사이다
실내온도	temperatura da sala	뗑뻬라뚜라 다 살라
빨래	lavandaria	라반다리아
내일	amanhã	아마냥
빌리다	emprestar	잉쁘레스따르

이 옷들 좀 세탁해 주세요.

Poderia lavar estas roupas?

쁘데리아　라바르　에스따스　로우빠스?

언제 되겠습니까?

Quando ficarão prontas?

꽌두　피까라웅　쁘론따스?

내일 까지 해주셔야 겠는데요.

Preciso delas até amanhã.

쁘레시주　델라스　아떼　아마냥.

이 것 좀 꿰멜 수 있을 까요?

Pode coser isto?

쁘디　꼬제르　이스뚜?

제 옷 다 됐습니까?

A minha roupa está pronta?

아　민냐　로우빠　이스따　쁘론따?

호텔에서의 트러블

숙박하는 호텔의 시설에 문제가 있을
때는 즉각 프론트에 연락하여 불편사
항을 시정토록 해야한다.

내 예약 다시 한번 확인해 주세요.

Examine minha reserva novamente, por favor.

이사미니　　민냐　　레세르바　　노바멘띠,　　뽀르 파보르.

이게 제 예약 확인표입니다.

Este é o comprovante.

에스띠 에 우　　꽁쁘로반띠.

좀 보여 주세요.

Mostre-me, por favor.

모스뜨리-미,　　뽀르 파보르.

빈 방 있습니까?

Tem quartos vagos?

뗑　　꽈르뚜스　　바구스?

네, 몇 분 이신데요?

Sim, para quantas pessoas?

싱,　　빠라　　꽌따스　　뻬쏘아스?

열쇠	chave	샤비
누수	escoamento	이스꼬아멘뚜
냉수	água fria	아구아 프리아
온수	água quente	아구아 껜띠
빈	vago(a)	바구(가)

마스터 키를 좀 주세요.

Chave mestra, por favor.

샤비　　메스뜨라,　뽀르　파보르.

에어컨이 고장입니다.

O ar condicionado não funciona.

우 아르　　꼰디시우나두　　나웅　　풍시오나.

잠깐만요. 매니저게 전하겠습니다.

Um momento. Vou dizer ao gerente.

웅　　모멘뚜.　　보우　디제르　아오　제렌띠.

뜨거운 물이 안나옵니다.

Não há água quente.

나웅　아　아구아　껜띠.

수도 꼭지가 샘니다.

A torneira está vazando.

아　또르네이라　이스따　바잔두

체크아웃

체크아웃은 항상 충분한 시간을 두고
해야 한다. 계산하느라 지체되면 다
음 행선지를 향한 여행 스케줄이 어
긋날 수 있기 때문.

체크아웃 부탁합니다.

Vou deixar o hotel.

보우　데이샤르 우　오뗄

청구서를 부탁합니다.

Pode dar-me a conta, por favor.

뽀디　다르- 미 아 꼰따,　뽀르 파보르.

성함과 방 번호를 말씀해 주세요.

Seu nome e número do quarto, por favor.

세우　노미 이　누메루　두　꽈르뚜,　뽀르 파보르.

지금 곧 떠나야 합니다.

Tenho de partir já.

뗑유　디 빠르띠르 쟈.

포터를 불러 주세요.

Carregador, por favor.

까헤가도르,　　뽀르 파보르.

옷/짐 맡기는 곳	vestiário	베스띠아리우
경리/지불창구	caixa	까이샤
보증금	depósito	디뽀지뚜
계산/청구서	conta	꼰따
여행자수표	cheque de viagem	쉐끼 디 비아젱

계산은 이 것이 전부 입니까?

Está tudo incluído?

이스따 뚜두 잉끌루이두?

신용카드로 지급해도 됩니까?

Posso pagar com cartão de crédito?

뽀쑤 빠가르 꽁 까르따웅 디 끄레디뚜?

그럼요.

Certamente.

세르따멘 띠.

택시 좀 불러 주시겠어요?

Poderia chamar um táxi para nós?

뽀데리아 샤마르 웅 딱시 빠라 노이스?

잘 지내다 갑니다.

Tivemos uma estadia muito agradável.

띠베무스 우마 이스따디아 무이뚜 아그라다벨.

교통

주의사항 한마디

　여행을 떠나기 전 필히 관광 안내소에서 지도를 구해야 한다. 안내소는 공항 뿐만 아니라 도시의 중심가에서 쉽게 찾을 수 있다. 이곳에는 자세히 소개된 지도가 구비되어 있고 안내원이 꼭 가볼만한 곳, 숙박업소 그리고 여행에 도움이 될만한 조언을 아끼지 않는다.

　포르투갈에서 주요 고속도로는 까헤떼라스(carreteras), 아우또비스따스(autovistas) 그리고 이스뜨라다스(estradas)라 불리운다.이것들은 지도상에 자세히 나타나 있고 유료나 무료도로의 표시도 되어있다. 그러나 주유소가 우리나라나 미국 처럼 많지 않으니 철저한 준비가 필요하다.

　브라질과 포르투갈에서 운전자는 속도제한에 크게 신경을 쓰지 않는 경향이 있지만 레이더 시설을 통한 감시를 하는 곳들이 많으니 안전운행에 유념하기 바란다. 이 두 나라에서는 우리와 마찬가지로 거리는 km, 연료는 리터를 사용하고 있기 때문에 크게 불편이 없다. 그러나 여행 전 만약에 대비해서 자동차 수리업소나 공인된 보험회사의 목록표를 지참하는 것이 좋다.

▶ 렌트 카

　대략 유럽 만큼의 크기를 지닌 브라질에서는 자동차 여행이야말로 온갖 것들을 구경할 수 있는 최상의 방법이다. 대도시들 간의 고속 도로는 그 시설이 매우 뛰어나고 국도나 지방도로 역시 잘 포장 되어 있다. 렌트 카 회사들은 사웅 빠울루나 리우를 비롯한 많은 도시들에 영업소를 운영하고 있다. 만일 귀하가 도착 즉시 차를 빌리고 싶으면 여행사를 통해 미리 예약을 해 두는 것도 좋은 방법이다. 그러나 투숙한 호텔에서도 친절한 안내를 받을 수 있다.가격은 차종에 따라 다르고 임대료에 5%정도의 세금과 보험료가 포함된다. 또한 대금 결제는 크레딧 카드로도 가능하다.

브라질과는 달리 포르투갈은 고속도로 시설이 빈약한 작은 국가이기 때문에 고속도로 상의 최고 속도는 시속 120km이지만 그 밖의 도로에서는 90km이다. 또한 거주지역에서는 50~60km이다. 길은 비교적 잘 포장되어 있지만 협소하고 굴곡이 매우 심한 편이다.지방도로에서는 머리에 물건을 이고 가는 여인들을 조심하기 바란다. 그러나 포근하고 소박한 포르투갈의 시골 풍경을 감상하며 자동차로 여행하는 것은 매우 인상적이며 인접한 스페인 까지도 쉽게 구경할 수 있는 장점이 있다.

포르투갈과 브라질에서 교통사고를 내는 경우 매우 복잡한 문제가 발생함으로 차를 임대할 때 꼭 보험에 가입하도록 하자.

▶ 장거리 버스 여행

포르투갈에서 장거리 버스여행은 포르투갈 국립 버스 여행사인 로도비아리우 나시오날(Rodoviário Nacional)을 이용하면 된다. 그러나 브라질은 버스 여행이 비교적 싼 편이지만 시간 소모가 많고 다소 지루한 점이 있다. 광활한 면적 때문에 브라질에서는 시간을 아끼려면 바리그(Varig)나 바스삐(Vasp)로 대표되는 항공 편을 이용하는 것이 유리 할 것이다.

▶ 기차여행

포르투갈 철도청(C.P)은 모든 철로 서비스를 담당하는 기관으로서 빠르고 신속한 봉사를 하고 있다.리스본 시내에는 4 개의 주요한 역이 있는데 국제선과 포르투갈 북부여행을 위한 산따 아폴로니아(Santa Apolonia)역, 이스또릴(Estoril), 까스까이스(Cascais) 그리고 서부지역여행을 위한 까이스 두 소드레(Cais do Sodré)역이 있고 영국시인 바이런이 유럽의 천국이라 칭송했던 신뜨라(Sintra)여행을 위해서는 로씨우(Rossio)역을 이용한다. 그러나 브라질은 항공망이나 도로교통에 비해 철로가 발달하지 못했다. 브라질 중앙 철도(E.F.C.B)는 소수의 라인을 제외하고는 기차 여행을 권장하기가 힘들다.

다음의 열차편들은 포르투갈의 대표적인 기차편들이다. 참고하면 열차 여행에 많은 도움이 될 것이다.

Lisboa-Expresso, Ter 리스보아-에스쁘레쑤, 떼르

리스본과마드리드를 운행하는 급행열차로 필히 예약을 해야 한다.

Lusitânia-Expresso 루지따니아-에스쁘레쑤

역시 리스본과마드리드를 연결하나 값이 떼르 보다 저렴하며 가급적이면 예약을 하는 것이 좋다.

Sud-Express 수드 - 에스쁘레쓰

리스본과 파리를 연결하는 급행열차.

Internacional 인떼르나시오날

국제선 직행열차.

Rápido 라삐두

주요한 역 만을 멈추는 직행열차.

Automotora 아우또모또라

소형 디젤열차로 단거리 여행용.

Correio 꼬헤이우

장거리 우편열차로서 모든 역에서 정차한다. 객실도 있어 승
객들도 이용할 수 있지만 우리의 완행열차에 해당한다.

길을 묻다

포르투갈과 브라질인들은 매우
친절하기 때문에 어떠한 질문에
도 친절히 응할 것이다.

잠깐 실례해요.

Com licença!

꽁   리센 싸!

네, 뭔데요?

Sim, o que é?

싱,   우 끼 에?

꼬빠까바나 해변으로 가는 길을 가르쳐 주세요.
Pode indicar-me o caminho para
Copacabana.

뽀디 인디까르-미 우 까민뉴 빠라 꼬빠까바나.

곧장 가십시오.

Vá directamente.

바   디레따멘 띠.

고맙습니다.

Muito obrigado(a).

무이뚜   오브리가두(다).

좌로 돌다	virar à esquerda	비라르 아 이스께르다
우로 돌다	virar à direita	비라르 아 디레이따
거리 이편	este lado	에스띠 라누
~의 옆	perto de	삐르뚜 디
~의 앞	em frente de	잉 프렌띠 디

걸어서 얼마나 걸립니까?

Quanto tempo se leva a pé?

꾼 뚜　떵뿌　시　레바 아 삐?

약 20 분입니다.

Mais ou menos vinte minutos.

마이스　오우　메누스　빈띠　미누뚜스.

이 주소를 어떻게 찾을 수 있을까요?

Como posso encontrar este endereço?

꼬무　뽀쑤　인꼰뜨라르　에스띠　인데레쑤?

길을 잘 못 들었습니다.

Pegou caminho errado.

삐고우　까민뉴　에하두.

신호등에서 좌회전하세요.

Vire à esquerda nos semáforos.

비리 아　이스께르다　노스　세마포로스.

모퉁이에	na esquina	나 이스끼나
신호등	sinal de tráfego	시날 디 뜨라페구
방향	direção	디레싸웅
되돌아가다	voltar	볼따르
도보로	a pé	아 뻬

사웅 빠울루 대학교가 어디입니까?

Onde fica a universidade de São Paulo?

온디 피까 아 우니베르시다디 디 사웅 빠울루?

그리 멀지는 않아요.

Não é muito longe.

나웅 에 무이뚜 롱지.

걸어서 갈 수 있습니까?

Posso ir lá a pé?

뽀쑤 이르 라 아 뻬?

그렇지 않아요.

Melhor não.

멜료르 나웅

버스로 몇분 가량 됩니까?

Quantos minutos de ônibus?

꽌뚜스 미누뚜스 디 오니부스?

당신의 좌/우측에	à sua esquerda/direita	아 수아 이스께르다/디레이따
주소	endereço	인데레쑤
공중전화	telefone público	뗄리포니 뿌블리꾸
상점	loja	로쟈
중심가	centro da cidade	센뜨루 다 시다디

이 근처에 은행이 있습니까?

Há um banco perto daqui?

아 웅 방꾸 삐르뚜 다끼?

빠울리스따 거리에 하나 있습니다.

Há um na Avenida Paulista.

아 웅 나 아베니다 빠울리스따.

힐튼 호텔은 어느 길로 가야 합니까?

Qual é o caminho para o hotel Hilton?

꽐 에우 까민뉴 빠라 우 오뗄 힐튼?

왼쪽으로 세 번째 블록에 있습니다.

Terceiro quarteirão à sua esquerda.

떼르세이루 꽈르떼이라웅 아 수아 이스께르다.

고맙습니다.

Muito obrigado(a).

무이뚜 오브리가두(다).

길을 잃었을 때

반드시 투숙하고 있는 숙소의 주소
전화번호를 지참하고 다니는 것이
안심이다. 외출 시에는 숙소에
비치된 명함을 지참토록 한다.

길을 잃었는데요.

Estou perdido(a).

이스또우　빼르디두(다).

도와드릴까요?

Posso ajudá-lo?

뽀쑤　아쥬다- 로?

지도상으로 제가 어디에 있습니까?

Pode mostrar no mapa onde estou?

뽀디　모스뜨라르　누　마빠　온디　이스또우?

이 거리는 무슨 거리입니까?

Que rua é esta?

끼　루아 에 에스따?

어디를 가시려구요?

Onde o senhor(a senhora) quer ir?

온디　우　시뇨르(아 시뇨라)　께르 이르?

길을 물어올 때

시내를 관광할 때는 항상 지도를 지참한다. 그리고 외출 시에는 가고자 하는 곳을 자세히 물어 지도 상에 표시해두자.

근처에 우체국이 어디 있습니까?

Há um correio perto daqui?

아 웅 꼬헤이우 뻬르뚜 다끼?

미안합니다. 나는 잘 모릅니다.

Sinto muito. Não sei bem.

신뚜 무이뚜. 나웅 세이 벵.

누구 다른 사람에게 물어 보세요.

Pergunte a outra pessoa, por favor.

뻬르군띠 아 오뜨라 뻬쏘아, 뽀르 파보르.

저는 여행자입니다.

Sou um turista.

소우 웅 뚜리스따.

경찰관에게 물으시지요.

Pergunte a polícia, por favor.

뻬르군띠 아 뽈리시아, 뽀르 파보르.

택시를 타다

지하철이나 버스노선과 연결되지 않는 곳이나 전혀 모르는 곳을 갈 때는 택시가 편리하다. 내릴 때 팁을 주는 것이 관례이다.

택시 정류장이 어디입니까?

Onde é o ponto de táxi?

온디 에우 뽄뚜 디 딱시?

어디로 가시겠습니까?

Às suas ordens?

아스 수아스 오르뎅스?

성 죠르즈 성(城)까지 가주세요.

Leve-me ao castelo S.Jorge.

레비-미 아오 까스뗄루 사웅 죠르즈.

네, 어서 타십시오.

Entre, por favor.

엥뜨리, 뽀르 파보르.

미란다 호텔로 가주세요.

Leve-me ao hotel Miranda.

레비-미 아오 오뗄 미란다.

다리	ponte	뽄띠
짐	bagagem	바가젱
좌석	assento	아쎈뚜
거스름돈	troco	뜨로꾸
~을 타다	tomar	또마르

거기에 오전 10 시 까지 도착하고 싶은데요.

Quero estar lá até às 10 da manhã.

께루 이스따르 라 아떼 아스 데즈 다 마냥.

서둘러 주세요.

Apresse-se, por favor.

아쁘레 씨-시, 뽀르 파보르.

아, 여기서 별로 멀지 않습니다.

Ah, não é muito longe daqui.

아, 나웅 에 무이뚜 롱지 다끼.

거스름 돈은 가지세요.

Pode ficar com o troco.

뽀디 피까르 꽁 우 뜨로꾸.

대단히 감사합니다.

Muito obrigado(a).

무이뚜 오브리가두(다).

택시를 타다

공항	aeroporto	아에루뽀르뚜
승객	passageiro	빠싸제이루
운전사	motorista	모또리스따
요금	taxa	따샤
항공선	linha aérea	린냐 아에리아

동 뻬드루 호텔로 부탁합니다.

Leve-me ao hotel D.Pedro.

레비-미 아오 오뗄 동 뻬드루.

네. 바쁘신가요?

Sim. Está com pressa?

싱. 이스따 꽁 쁘레싸?

여기 서주세요.

Páre aqui, por favor.

빠리 아끼, 뽀르 파보르.

짐 나르는 것 좀 도와 주시겠어요?

Pode ajudar-me a levar a bagagem?

뽀디 아쥬다르-미 아 레바르 아 바가젱?

고맙습니다. 운전 솜씨가 좋으시군요.

Muito obrigado(a). Você é um motorista
excelente.

무이뚜 오브리가두(다). 보세 에 웅 모또리스따 에셀렌띠.

데려가다	levar	레바르
바쁜	ocupado(a)	오꾸빠두(다)
선생님, 손님	senhor(a)	시뇨르(라)
훌륭한	excelente	에셀렌띠
친절한	bondoso(a)	본도주(자)

공항까지 가주세요.

Leve-me ao aeroporto.

레비- 미　아오　아에루뽀르뚜.

알겠습니다, 손님.

Sim, senhor(a).

싱,　시뇨르(라).

어느 항공사죠?

Qual companhia?

꽐　꽁빠니야.

바리그 항공사입니다.

Linha aérea Varig.

린냐　아에리아　바리그.

알겠습니다.

Está bem.

이스따　벵.

버스를 타다

브라질 국내 여행에는 다소
지루한 감이 있지만 시간적
여유가 있을 때는 장거리 버
스가 매우 편리하다.

사웅 빠울루 행 버스는 어디서 탈 수 있죠?

Onde posso apanhar o ônibus para São
Paulo?

온디 뽀쑤 아빠냐르 우 오니부스 빠라 사웅 빠울루?

터미널입니다.

Pode apanhar na Rodoviária.

뽀디 아빠냐르 나 로도비아리아.

이 줄은 리우 행의 줄입니까?

Esta fila é para o Rio?

에스따 필라 에 빠라 우 리우?

그렇습니다.

Sim, senhor(a).

싱, 시뇨르(라).

버스가 왔습니다.

O ônibus vem.

우 오니부스 벵.

버스(브라질)	ônibus	오니부스
버스(포르투갈)	autocarro	아우또까후
차표	bilhete	빌레띠
내리다	descer	디세르
정류장	parada	빠라다

버스 정류장이 어디 있습니까?

Onde é a parada de ônibus?

온디 에아 빠라다 디 오니부스?

리우 행 버스는 몇시에 있습니까?

A que horas sai o ônibus para o Rio?

아 끼 오라스 사이 우 오니부스 빠라 우 리우?

레시페 까지 요금이 얼마 입니까?

Qual é o preço do bilhete para Recife?

꽐 에우 쁘레쑤 두 빌레띠 빠라 레시페?

거기 도착하면 알려 주세요.

Pode avisar-me quando devo descer.

뽀디 아비자르-미 꽌두 데부 디쎄르.

여기서 내리겠습니다.

Quero descer aqui.

께루 디쎄르 아끼.

노란색	amarelo	아마렐루
논스톱	sem parar	셍 빠라르
시간	hora	오라
분	minuto	미누뚜
초	segundo	세군두

어떤 버스를 타야 레시페로 갈 수 있죠?

Que ônibus devo apanhar para Recife?

끼　오니부스　데부　아빠냐르　빠라　레시페?

저 노란 버스입니다.

É aquele amarelo.

에　아껠리　아마렐루.

버스를 갈아 타야 합니까?

É preciso mudar de ônibus?

에　쁘레시수　무다르　디　오니부스?

아닙니다. 이건 논스톱 버스입니다.

Não. Este ônibus vai diretamente.

나웅.　에스띠　오니부스　바이　디레따멘띠.

아, 그렇군요. 고맙습니다.

Ah, sim. Obrigado(a).

아,　싱.　오브리가두(다).

지하철을 타다

리스본의 지하철 노선은 복잡하
지 않고 두개의 주요 노선이 시
내 중심지를 통과하기 때문에
도심에서는 매우 편리하다.

실례합니다.

Desculpe-me.

디스꿀삐- 미.

가장 가까운 지하철 역은 어디 있습니까?

Onde é a estação de metrô mais próxima?

온디 에 아 이스따싸웅 디 메뜨로 마이스 쁘로시마?

지하철 노선도가 있습니까?

Tem o mapa de metrô?

뗑 우 마빠 디 메뜨로?

어디서 갈아 타야 됩니까?

Onde devo mudar?

온디 데부 무다르?

다음 정류장에서요.

Na próxima estação.

나 쁘로시마 이스따싸웅.

갈아타다	mudar	무다르
역	estação	이스따싸웅
급행	expresso	에스쁘레쑤
지하철	metrô	메뜨로
모르겠어요	Não sei	나웅 세이

급행이 있습니까?

Há o metrô expresso?

아 우 메뜨로 에스쁘레쑤?

잘 모르겠는데요.

Não sei bem.

나웅 세이 벵.

빠울리스따 거리까지 몇분 걸립니까?

Quantos minutos até a Avenida Paulista?

꽌뚜스 미누뚜스 아떼 아 아베니다 빠울리스따?

이것은 도나 마리아 거리로 갑니까?

Esta é para a rua D.Maria?

에스따 에 빠라 아 루아 도나 마리아?

아뇨. 잘 못 타셨습니다.

Não. Você está na linha errada.

나웅. 보세 이스따 나 린냐 에하다.

관광버스를 타다

리스본, 리우와 사웅 빠울루에서는 시내 관광에 버스를 이용하는 것이 값도 저렴하고 안전하다.

실례합니다. 말씀 좀 묻겠습니다.

Perdão. Posso perguntar alguma coisa.

삐르다웅. 뽀쑤 삐르군따르 알구마 꼬이자.

관광 여행사가 어디 있습니까?

Onde fica a agência de turismo?

온디 피까 아 아젠시아 디 뚜리스무?

살바도르에 가는 관광여행이 있습니까?

Há um pacote turístico para Salvador?

아 웅 빠꼬띠 뚜리스띠꾸 빠라 살바도르?

출발 장소는 어디 입니까?

De onde parte?

디 온디 빠르띠?

점심이 포함되어 있습니까?

O almoço está incluído?

우 알모쑤 이스따 잉끌루이두?

묻다	perguntar	뻬르군따르
점심	almoço	알모쑤
밤	noite	노이띠
쇼핑	fazer compras	파제르 꽁쁘라스
관광객	turista	뚜리스따

여행은 몇시에 출발합니까?

A que horas começa a excursão?

아 끼 오라스 꼬메싸 아 에스꾸르사웅?

첫 여행은 여기서 아침 8 시에 출발합니다.

A primeira excursão começa aqui às 8 horas da manhã.

아 쁘리메이라 에스꾸르사웅 꼬메싸 아끼 아스 오이뚜 오라스 다 마냥.

몇시에 돌아 옵니까?

A que horas regressamos?

아 끼 오라스 레그레싸무스?

10 시에 돌아오시게 됩니다.

Regressamos aqui às 10 horas.

레그레싸무스 아끼 아스 데즈 오라스.

야간 관광여행이 있습니까?

Há uma excursão de noite?

아 우마 에스꾸르사웅 디 노이띠?

자유시간	tempo livre	뗑뿌 리브리
안내원	guia	기아
반나절	meio-dia	메이우- 디아
교회	igreja	이그레쟈
수도원	convento	꽁벤뚜

관광비용은 얼마 입니까?

Quanto custa a excursão?

꽌뚜　꾸스따　아　에스꾸르사웅?

일인당 70 레아이스입니다.

Setenta reais por pessoa.

세뗀따　레아이스 뽀르　뻬쏘아.

자유시간은 있습니까?

Temos algum tempo livre?

떼무스　알궁　뗑뿌　리브리?

영어 가이드가 있습니까?

Há um guia que fala Inglês?

아　웅　기아　끼　팔라　잉글레스?

반나절 동안 개인적으로 가이드를 쓰고 싶습니다.

Queria um guia particular por meio-período.

께리아　웅　기아　빠르띠꿀라르　뽀르　메이우-뻬리오두.

한국어 안내자	guia que fala coreano	기아 끼 팔라 꼬레아누
그렇지요	certo	세르뚜
박물관	museu	무제우
탑	torre	또히
동물원	Jardim Zoológico	쟈르딩 주오로지꾸

버스는 호텔에서 우리를 태웁니까?

O ônibus vem buscar-nos no hotel?

우　오니부스　벵　부스까르- 노스　누　오뗄?

버스는 호텔까지 돌아옵니까?

O ônibus regressa até o hotel?

우　오니부스　레그레싸　아떼 우 오뗄?

우리는 어디서 기다리죠?

Onde nós esperamos?

온디　노스　이스뻬라무스?

주차장 앞에서요.

Em frente do estacionamento.

잉　프렌띠　두　이스따시오나멘뚜.

10 시에 여기, 맞지요?

Às 10 horas aqui, certo?

아스 데즈 오라스　아끼,　세르뚜?

열차를 타다

리스본에서는 시내 중심가에서
국내선은 물론 국제선 열차를
탈 수 있어 매우 편리하다.

기차 매표소가 어디입니까?

Onde é a bilheteria?

온디　에 아　빌레떼리아?

옆 빌딩에 있습니다.

É no edifício ao lado.

에 누　에디피시우　아오　라두.

꼬임브라 행 기차표를 주세요, 왕복으로요.
Um bilhete para Coimbra, ida e volta, por favor.

웅 빌레띠 빠라 꼬임브라, 이다 이 볼따, 뽀르 파보르.

일등칸으로 두장 주세요.

Dois bilhetes de primeira classe, por favor.

도이스　빌레띠스　디　쁘리메이라　끌라씨,　뽀르　파보르.

일등석은 매진입니다.

A primeira classe está esgotada.

아　쁘리메이라　끌라씨　이스따　이스고따다.

열차(브라질)	trem	뜨렝
열차(포르투갈)	combóio	꽁보이우
매표소	bilheteira	빌레떼이라
왕복	ida e volta	이다 이 볼따
매진된	esgotado(a)	이스고따두(다)

10 시 행 급행표를 주세요.

Bilhetes para expresso às 10 horas, por favor.

빌레띠스 빠라 에스쁘레쑤 아스 데즈 오라스, 뽀르 파보르.

몇장이나요?

Quantos bilhetes?

꽌 뚜스   빌레띠스?

브라가까지는 얼마 입니까?

Qual é o preço do bilhete para Braga?

꽐 에 우 쁘레쑤 두 빌레띠 빠라 브라가?

몇시에 떠나죠?

A que horas parte o trem?

아 끼 오라스 빠르띠 우 뜨렝?

직행입니까?

É um trem directo?

에 웅 뜨렝 디레뚜?

유효한	válido	발리두
시간표	horário	오라리우
멈추다(서다)	parar	빠라르
며칠간	Quantos dias	꽌뚜스 디아스
추가요금	suplemento	수뿔리멘뚜

이 기차표는 며칠간 유효합니까?

Por quantos dias este bilhete é válido?

뽀르 꽌뚜스 디아스 에스띠 빌례띠 에 발리두?

3일 간입니다.

Três dias.

뜨레스 디아스.

뻬뜨로뽈리스에서 열차가 섭니까?

O trem pára em Petrópolis?

우 뜨렝 빠라 잉 뻬뜨로뽈리스?

추가요금을 내야 합니까?

Tenho de pagar um suplemento?

뗑유 디 빠가르 웅 수뿔리멘뚜?

열차를 갈아 타야 합니까?

Tenho de mudar de trem?

뗑유 디 무다르 디 뜨렝?

대합실	sala de espera	살라 디 이스뻬라
입구	entrada	인뜨라다
출구	saída	사이다
도착	chegada	쉐가다
출발	partida	빠르띠다

이것은 뽀르뚜 행입니까?

Este é para o Porto?

에스띠 에 빠라 우 뽀르뚜?

이것은 리스본 행입니까?

Este é para Lisboa?

에스띠 에 빠라 리스보아?

리스본 행 열차는 몇시에 떠납니까?

A que horas parte o combóio para Lisboa?

아 끼 오라스 빠르띠 우 꽁보이우 빠라 리스보아?

기차는 정시에 출발합니까?

O combóio sai no horário?

우 꽁보이우 사이 누 오라리우?

기차에 식당칸이 있습니까?

O combóio tem restaurante?

우 꽁보이우 뗑 레스따우란띠?

창문	janela	쟈넬라
플렛홈	plataforma	쁠라따포르마
차장	chefe de trem	쉐피 디 뜨렝
객차	carro de passageiro	까후 디 빠싸제이루
침대권	bilhete de leito	빌례띠 디 레이뚜

몇시에 리스본에 도착합니까?

A que horas chega o combóio a Lisboa?

아 끼 오라스 쉐가 우 꽁보이우 아 리스보아?

열차표를 사고 싶습니다.

Queria comprar um bilhete.

께리아 꽁쁘라르 웅 빌례띠.

거기는 제자리 인데요.

Esse é o meu lugar.

에씨 에우 메우 루가르.

이 자리는 사람이 있습니까?

Este lugar está ocupado?

에스띠 루가르 이스따 오꾸빠두?

그건 제자리 인 것 같은데요.

Acho que esse é o meu lugar.

아슈 끼 에씨 에우 메우 루가르.

침대칸	carruagem-camas	까후아젱- 까마스
상단침대	leito superior	레이뚜 수뻬리오르
중단침대	leito médio	레이뚜 메디우
하단침대	leito inferior	레이뚜 잉페리오르
개찰구	borboleta	보르볼레따

침대칸은 어디 인가요?

Onde fica a carruagem-camas?

온디　피까　아　　까후아젱- 까마스?

나는 윗쪽 침대를 원합니다.

Queria um beliche superior.

께리아　웅　벨리쉬　수뻬리오르.

7 시에 깨워 주시겠어요?

Pode acordar-me às 7 horas?

뽀디　아꼬르다르- 미　아스 세띠 오라스?

리스본까지 몇 분 입니까?

Quantos minutos faltam para Lisboa?

꽌뚜스　미누뚜스　팔땅　빠라　리스보아?

감사합니다. 즐거운 여행이 되시기를!

Obrigado(a). Boa viagem!

오부리가두(다).　보아　비아젱!

비행기를 타다

브라질의 국내 여행에서는 항공편이
많이 이용된다. 국토가 광활하기 때문
에 비행기의 이용은 매우 효율적이다.

바리그 항공사 카운터가 어디입니까?

Onde é o balcão da Varig?

온디 에우 발까웅 다 바리그?

리우 디 자네이루 행 항공편이 있습니까?

Há um vôo para o Rio de Janeiro?

아 웅 보오우 빠라 우 리우 디 쟈네이루?

직항입니까?

É um vôo directo?

에 웅 보오우 디레뚜?

창측에 앉고 싶은데요.

Um lugar de janela, por favor.

웅 루가르 디 쟈넬라, 뽀르 파보르.

미안하지만 창가는 다 찼습니다.

Sinto muito mas todas as janelas estão
ocupadas.

신뚜 무이뚜 마스 또다스 아스 쟈넬라스 이스따웅 오꾸빠다스.

카운터	balcão	발까웅
직항	vôo directo	보오우 디레뚜
비행기	avião	아비아웅
예약	marcação	마르까싸웅
공항세	taxa de aeroporto	따샤 디 아에루뽀르뚜

몇시에 이륙합니까?

A que horas sai o avião?

아 끼 오라스 사이 우 아비아웅?

몇시에 체크 인 해야 합니까?

A que horas devo apresentar-me?

아 끼 오라스 데부 아쁘레센따르- 미?

비행기 편 수는요?

Qual é o número do vôo?

꽐 에 우 누메루 두 보오우?

몇시에 도착합니까?

A que horas chegamos?

아 끼 오라스 쉐가무스?

예약을 취소하고자 합니다.

Queria cancelar a reserva.

께리아 깡셀라르 아 레제르바.

식사

주의사항 한마디

　　외국 여행에서 가장 관심을 끄는 것은 역시 그 지역의 음식일 것이다. 이 세상에서 먹는 즐거움 만큼 큰 것은 없다고들 이야기한다. 아무리 아름다운 경치, 찬란한 문화적 유산을 접하더라도 우선 배가 고프면 아무 것도 눈에 들어오지 않는다.

　　브라질은 풍요로운 열대 과일, 육류, 해산물 등으로 먹거리가 매우 풍성하고 수많은 이민들로 구성된 다민족 사회이기 때문에 유럽 각국의 전통요리·아시아 요리 그리고 16세기부터 사탕수수 경작을 위해 수입되었던 아프리카 노예들로 인해 다양한 아프리카 요리가 있고 브라질 원주민들의 전통음식이 남아 있다.

　　포르투갈 역시 음식에 있어서는 자랑거리가 많다. 기원 전부터 이베리아 반도에 진출했던 페니키아, 그리스, 카르타고인들이 유입한 그들의 음식과 이후 로마, 게르만과 아랍인들의 음식 그리고 신대륙 발견과 대항해의 시대에 세계 각지에서 유입된 다양한 재료와 요리법으로 음식문화가 그 풍요로움을 자랑한다.

　　양국의 대표적인 서민요리로는 우선 포르투갈에서는 염장 대구 요리인 바깔료아다(Bacalhoada)와 돼지고기 요리인 레이따웅 아싸두(Leitão assado) 그리고 정어리 구이 사르딘냐 아싸다(Sardinha assada) 등이 있다. 또한 브라질에서는 흑인 노예들로부터 전래한 콩과 돼지고기가 주재료인 페이죠아다(Feijoada), 소고기의 각종 부위를 고루고루 맛 볼 수 있는 슈라스쿠(Churrasco)가 대표적이다.

예약과 주문

브라질과 포르투갈에서는 예약이 일
종의 관습처럼 행해진다. 음식 맛이
훌륭한 식당에서는 예약을 하였어도
기다려야 하는 경우가 종종 있다.

예약 부탁합니다.

Reserva, por favor.

레세르바,　　뽀르　파보르.

몇 분 이시죠?

Quantas pessoas?

꽌따스　　삐쏘아스?

두 사람, 6시에요.

Para duas pessoas, às seis.

빠라　두아스　　삐쏘아스,　아스 세이스.

그리고 창가를 부탁합니다.

E ao lado da janela, por favor.

이 아오　라두　다　쟈넬라,　뽀르　파보르.

네, 그러죠.

Está bem.

이스따　벵.

식당에서

좌석을 안내하기 전에 고객이 담배를 피우는지를 꼭 확인한다. 담배를 피우지 않는 경우는 나웅 푸마르 (não fumar)라고 말하면 된다.

웨이터!

Se faz favor!

시 파즈 파보르!

마실 것 좀 주세요.

Queria beber alguma coisa.

께리아 베베르 알구마 꼬이자.

메뉴 좀 주실래요?

Pode trazer-me a ementa, por favor?

뽀디 뜨라제르-미 아 이멘따, 뽀르 파보르?

무얼 드시겠습니까?

Que quer tomar, senhor(a)?

끼 께르 또마르, 시뇨르(라)?

포도주 한 잔 주세요.

Um copo de vinho, por favor.

웅 꼬뿌 디 비뉴, 뽀르 파보르.

테이블	mesa	메자
~와 함께	com	꽁
웨이터	garçom	가르쏭
포도주	vinho	비뉴
곧	logo	로구

6 인용 테이블 하나 부탁합니다.

Uma mesa para seis, por favor.

우마　메자　빠라　세이스,　뽀르　파보르.

이 쪽으로 오시죠.

Venha cá, por favor.

벵야　까,　뽀르　파보르.

포도주 목록표 좀 주세요.

Pode me trazer a lista de vinho.

뽀디　미　뜨라제르　아　리스따　디　비뉴.

웨이터가 곧 올 것입니다.

Um garçom virá logo, senhor(a).

웅　가르쏭　비라　로구,　시뇨르(라).

담배를 피우십니까?

O Senhor(a) fuma?

우(아)　시뇨르(라)　푸마?

특별요리	prato especial	쁘라뚜 이스뻬시알
주문	pedido	뻬디두
생구이	mal passaso	말 빠싸두
중간구이	meio passado	메이우 빠싸두
완전구이	bem passado	벵 빠싸두

주문 하시겠어요?

Poderia tomar o seu pedido?

쁘데리아 또마르 우 세우 뻬디두?

이 집 특별요리가 뭐죠?

Qual é a especialidade da casa?

꽐 에 아 이스뻬시알리다디 다 까자?

오늘은 페이죠아다를 권하고 싶습니다.

Hoje eu recomendaria a feijoada.

오지 에우 레꼬멘다리아 아 페이죠아다.

좋습니다. 그걸로 주세요.

Ótimo. Traga uma, por favor.

오띠무. 뜨라가 우마, 뽀르 파보르.

저도 그걸로 주세요.

Eu também.

에우 땅벵.

단	doce	도씨
매운	picante	삐깐띠
신	azedo(a)	아제두(다)
짠	salgado(a)	살가두(다)
한 병	uma garrafa	우마 가하파

저는 비프 스테이크를 주세요.

Traga-me um bife.

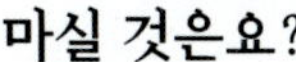

뜨라가-미　웅　비피.

어떻게 구워 드릴까요?

Como a senhora prefere?

꼬무　아　시뉴라　쁘리페리?

웰 던(잘익힌 고기)로 주세요.

Bem passado, por favor.

벵　빠싸두,　뽀르 파보르.

마실 것은요?

Algo para beber?

알구　빠라　베베르?

광천수 한 병 주세요.

Traga-me uma garrafa de água mineral.

뜨라가-미　우마　가하파　디　아구아　미네랄.

적포도주	vinho tinto	비뉴 띤뚜
맛	sabor	사보르
쓴	amargo(a)	아마르구(가)
뜨거운	quente	껭띠
찬	frio(a)	프리우(아)

레드와인 주세요.

Vinho tinto, por favor.

비뉴　　띤뚜,　　뽀르　파보르.

어떤 종류로요?

Que espécie?

끼　　에스뻬시에?

마데이라 산으로요.

De Madeira, por favor.

디　　마데이라,　　뽀르　파보르.

반 병 만 주세요.

Meia garrafa, por favor.

메이아　　가하파,　　뽀르　파보르.

이 포도주는 어디 산이죠?

De onde é este vinho?

디　온디　에　에스띠　비뉴

조미료	condimento	꼰디멘뚜
소금	sal	살
설탕	açúcar	아쑤까르
후추	pimenta	삐멘따
음료	bebida	베비다

그 밖에 주문하실 것 없습니까?

Algo mais?

알구   마이스?

소금 좀 주실래요?

Pode trazer-me sal?

뽀디   뜨라제르- 미   살?

음식이 차군요.

A comida está fria.

아   꼬미다   이스따 프리아.

왜 그렇게 오래 걸립니까?

Porquê demora tanto?

뽀르께   디모라   딴뚜?

음료 주문한 것 잊었어요?

O senhor esqueceu das nossas bebidas?

우   시뇨르   이스께세우   다스   노싸스   베비다스?

겨자	mostrada	모스뜨라다
초	vinagre	비나그리
마늘	alho	알류
올리브 오일	azeite	아제이띠
버터	manteiga	만떼이가

고기가 너무 익었어요.

A carne está muito passada.

아 까르니 이스따 무이뚜 빠싸다.

이건 깨끗치가 않아요.

Isto não está limpo.

이스뚜 나웅 이스따 링뿌.

후식 어떠세요?

Que tal uma sobremesa?

끼 딸 우마 소브리메자?

배 불러서 디저트는 못 먹겠어요.

Não há espaço para sobremesa.

나웅 아 이스빠쑤 빠라 소브리메자.

저는 아이스크림 하나 주세요.

Traga-me um sorvete.

뜨라가-미 웅 소르베띠.

팁	gorjeta	고르제따
잔돈	troco	뜨로꾸
세금 포함	com taxa	꽁 따샤
세금 없이	livre de taxa	리브리 디 따샤
지불하다	pagar	빠가르

계산 부탁해요.

Queria pagar. / Conta, por favor.

께리아 빠가르. 꼰따, 뽀르 파보르.

우리는 각자 계산하겠습니다.

Queríamos pagar separadamente.

께리아무스 빠가르 세빠라다멘띠.

봉사료가 포함되어 있습니까?

O serviço está incluído?

우 세르비쑤 이스따 잉끌루이두?

여행자 수표 받으세요?

Aceitam cheques de viagem?

아세이땅 쉐끼스 디 비아젱?

잔돈은 가지세요.

Fique o troco.

피끼 우 뜨로꾸.

훼스트푸드 샵에서

음식을 가지고 갈 것인지 여기서 먹을
건지를 묻는 것은 미국과 마찬가지이다.

핫도그 두 개와 오물렛 하나요.

Dois cachorros quentes e uma omelete.

도이스　　까쇼호스　　　껜띠스　이　우마　오메레띠.

가지고 가십니까?

É para levar?

에　빠라　레바르?

아뇨, 여기서 먹을 겁니다.

Não, comemos cá.

나웅,　꼬메무스　　까.

예, 그렇습니다.

Sim, certamente.

싱,　　세르따멘띠.

3개로 나눠 주세요.

Divida em três.

디비다　잉 뜨레스.

~한잔	um copo de	웅 꼬뿌 디
(담배)피우다	fumar	푸마르
오직 ~뿐	somente	쏘멘띠
담배	cigarro	시가후
여송연	charuto	샤루뚜

냉수 한 잔 부탁합니다.

Uma água gelada, por favor.

우마　아구아　젤라다,　뽀르　파보르.

담배를 피워도 됩니까?

Posso fumar aqui?

뽀쑤　푸마르　아끼?

흡연 구역에서만 됩니다.

Só na zona de fumar.

쏘　나　죠나　디　푸마르.

네, 알겠습니다.

Sim, eu sei.

싱,　에우 세이.

그럼 주문 받으시겠어요?

Bom, posso encomendar?

봉,　뽀쑤　인꼬멘다르?

바에서

간단하게 한잔 하기에는 바가 좋다.
값도 저렴한 편이고 우리의 경우 처
럼 비싼 안주를 주문 할 필요도 없
어 더욱 좋다.

꼬냑 한 잔 주세요.

Um conhaque, por favor.

웅　　　꼬냐끼,　　　뽀르　파보르.

안주 좀 없습니까?

Alguma coisa para acompanhar?

알구마　　　꼬이자　　빠라　　　아꽁빠냐르?

안주 있습니다.

Temos apertivos.

떼무스　　　아뻬르띠부스.

위스키 더블 주세요.

Uísque duplo, por favor.

우이스끼　　　두쁠루,　　뽀르　파보르.

하나 더 주세요.

Mais um, por favor.

마이스　　웅,　　뽀르　파보르.

메뉴 읽는 법

○ **안주요리 (Acepipes)**

Caracóis à Algarvia
까라꼬이스　아　알가르비아

오레가노 잎 향을 곁들인 달팽이 요리

Carnes Frias
까르니스　프리아스

각종 엷은 냉고기와 치즈의 모듬 요리

Chocos com Tinta
쇼꾸스　꽁　띤따

오징어 먹물로 요리한 오징어

Melão com Presunto
멜라웅　꽁　쁘레준뚜

햄을 곁들인 멜론

Ostras do Algarve
오스뜨라스　두　알가르브

와인과 버터로 구운 굴요리

Pipes
삐뻬스

양념한 닭과 거위 간 스튜

Paio

빠이우

훈제하여 말은 돼지고기 휠레

Amêijoas na Cataplana

아메이죠아스 　 나 　 까따쁠라나

팬에 햄, 소세지 그리고 고추를 조개와 함께 찐 요리

Pimentos Assados

삐멘뚜스 　 아싸두스

올리브 유와 식초를 발라 구운 고추 요리

Rissóis de Camarão

리쏘이스 　 디 　 까마라웅

새우로 속을 채워 만든 파이

Santola Recheada

산똘라 　 레쉬아다

겨자, 커리, 레몬 쥬스와 백포도주로 조미한 거미 게 요리

○ 안주 (Salgadinhos)

anchovas	안쇼바스	멸치류
moelas	모엘라스	닭 내장
presunto	쁘레준뚜	햄
requeijão	레께이쟈웅	응유 치즈
chouriço	쇼우리쑤	소세이지
espargos	이스빠르구스	아스파라거스
frango churrasco	프랑구 슈하스꾸	닭 숯불 구이

camarão	까마라웅	새우
caranguejo	까랑게쥬	게
enguia	인기아	뱀장어
lagosta	라고스따	왕새우
sardinha	사르딘냐	정어리
caracóis	까라꼬이스	달팽이
ameijoas	아메이죠아스	조개
ostra	오스뜨라	굴
atum	아뚱	참치
linguiça	링기샤	순대
salsicha	살시샤	순대
cogumelo	꼬구멜루	버섯
palmito	빨미뚜	야자의 새싹
azeitona	아제이또나	올리브
fiambre	피앙브리	햄의 일종
ganso	간수	거위 간

○ 수프요리 (Sopas)

Açorda à Alentejana
아쏘르다   아   알렌떼쟈나

마늘과 허브를 곁들인 빵 수프

Canja
깐쟈

쌀을 곁들인 닭고기 수프

Caldo Verde
깔두　　베르디

소세이지, 감자 그리고 케일 잎 수프

Gaspacho
가스빠슈

토마토, 양파, 오이와 빵 조각을 넣은 수프

Migas de Bacalhau
미가스　디　　바깔라우

마늘, 빵과 말린 대구로 만든 수프

sopa à pescador
소빠　아　　뻬스까도르

생선수프

sopa da abóbora
소빠　다　　아보보라

호박수프

sopa de agriões
소빠　디　아그리옹이스

물냉이수프

sopa de ervilhas
소빠　디　에르빌라스

완두콩수프

sopa de cenouras
소빠　디　세노우라스

당근수프

sopa de cozido
소빠 디 꼬지두

채소와 마카로니를 곁들인 수프

sopa de feijão
소빠 디 . 페이쟈웅

콩수프

sopa de tomate
소빠 디 또마띠

토마토수프

sopa de grão
소빠 디 그라웅

병아리콩수프

sopa seca
소빠 세까

쇠고기, 햄, 채소와 빵을 넣은 수프

sopa de camarão
소빠 디 까마라웅

새우수프

○ 생선요리 (peixe)

Bacalhau à Brás
바깔랴우 아 브라스

양파와 감자를 곁들인 튀긴 대구요리

Bacalhau com Leite de Coco

바깔랴우 꽁 레이띠 디 꼬꼬

코코넛 우유로 조리한 대구스튜

Caldeirada

깔데이라다

각종 해물잡탕

Lulas Recheadas

룰라스 레쉬아다스

햄, 양파, 토마토 소스를 넣은 오징어요리

Vatapá

바따빠

조미한 생선과 새우요리

Moqueca de Peixe

모께까 디 뻬이쉬

생선, 조개 및 새우스튜

Sardinha assada

사르딘냐 아싸다

정어리 소금구이

Abacaxi com Lagosta Capim Santo

아바까쉬 꽁 라고스따 까뼁 산뚜

바닷가재를 넣은 파인애플요리

Casquinha de Siri

까스끼냐 디 시리

꽃게요리

cavala	까발라	고등어
linguado	링구아두	넙치류
lula	룰라	오징어
peixe-espada	뻬이쉬- 이스빠다	칼치
pescada	뻬스까다	민어
polvo	뽈부	문어
robalo	로발루	바다배스
truta	뜨루따	송어
salmão	살마웅	연어
ostra	오스뜨라	굴
arenque	아렝끼	청어
atum	아뚱	참치
berbigão	베르비가웅	새조개
besugo	베수구	선피쉬

○ 고기 (carne)

Bife na Frigideira
비피　나　프리지데이라
버터, 백포도주, 마늘로 조리한 비이프

Carne de Porco à Alentejana
까르니　디　뽀르꾸　아　알렌떼쟈나
조개, 토마토와 양파를 곁들인 돼지갈비살요리

Carne de Sol com Feijão Verde
까르니　디　솔　꽁　페이쟈웅　베르디
깍지콩을 곁들인 말린 고기요리

Cozido à Portuguesa
꼬지두   아   뽀르뚜게자

쌀을 곁들인 삶은 비이프요리

Churrasco Misto
슈하스꾸   미스뚜

소고기, 돼지고기와 소시지 바비큐

Ensopado de Cabrito
인소빠두   디   까브리뚜

새끼염소고기 스튜

Feijoada
페이죠아다

소시지, 말린 돼지고기, 베이콘 등을 검정콩과 파로파와 함께 끓인 브라질의
대표적 음식

bife	비피	소고기
cabrito	까브리뚜	염소새끼
carneiro	까르네이루	양
cérebro	세레브루	골
costeleta	꼬스뗄레따	갈비
pato	빠뚜	오리
filé	필레	저민고기
ganso	간수	거위
lebre	레브리	토끼
chispe	쉬스삐	족발
figado	피가두	간
leitão	레이따웅	애저

língua	링구아	혀
rins	링스	신장
toucinho	또우시뉴	베이콘
medalhão	메달라웅	안심
vitela	비뗄라	송아지고기

○ 계란요리 (Ovos)

cozidos	꼬지두스	삶은 달걀
escalfados	이스깔파두스	수란
estrelados	이스뜨렐라두스	후라이
mexidos	멕시두스	휘저어 붙인 계란
verdes	베르디스	노른자에 파슬리, 양파 등을 넣어 찐 계란
omelete	오멜레띠	오므렛

○ 스테이크 (Bife)

mal passado	말 빠싸두	생구이
meio passado	메이우 빠싸두	중간구이
bem passado	벵 빠싸두	바싹구이

○ 샐러드 (Saladas)

| salada de alface | 살라다 디 알파시 | 양상치 샐러드 |
| salada mista | 살라다 미스따 | 토마토와 양상치 샐러드 |

| salada de tomate | 살라다 디 또마띠 | 토마토 샐러드 |

○ 요리법 (Ato de cozinhar)

frito	프리뚜	튀긴
grelhado	그릴라두	석쇠로 구운
fumado	푸마두	훈제한
cozido ao vapor	꼬지두 아오 바뽀르	찐
no forno	누 포르누	구운
na brasa	나 브라사	바비큐한
guisado	기자두	스튜한
estufado	이스뚜파두	기름에 볶은

○ 채소와 과일 (Legumes e Frutas)

aspargos	아스빠르구스	아스파라가스
abóbora	아보보라	호박
agriões	아그리옹이스	물냉이
aipo	아이뿌	셀러리
alface	알파시	상치
cebola	세볼라	양파
brócolos	브로꼴루스	브로클리
cenouras	세노우라스	당근
chuchu	슈슈	순무의 일종
pepino	삐삐누	오이
cogumelo	꼬구멜루	버섯

milho	밀류	옥수수
espinafre	이스삐나프리	시금치
pimento	삐멘뚜	피망
tomate	또마띠	토마토
cereja	세레쟈	버찌
uva	우바	포도
laranja	라랑쟈	오렌지
pêssego	삐쎄구	복숭아
melancia	멜랑시아	수박
pêra	삐라	배

○ 디저트 (Sobremesa)

pudim	뿌딩	푸딩
sorvete	소르베띠	아이스크림
chocolate	쇼꼴라띠	초콜릿
bolo	볼루	케이크
torta	또르따	파이
doce	도씨	과자
café	까페	커피
pastel	빠스뗄	파이
suco	수꾸	과일즙

○ 포도주 (vinhos)

| tinto | 띤뚜 | 적포도주 |

branco	브랑꾸	백포도주
rosé	로제	로제
espumante	이스뿌만띠	스파클링
verde	베르디	덜익은 포도로 담근 포도주
seco	세꾸	달지 않은 포도주
doce	도씨	달콤한 포도주

관광·스포츠

주의사항 한마디

　　포르투갈은 지리적으로 유럽의 서남단에 치우처 있고 우리나라와 직접적으로 연결되는 교통편이 없어 여행하기가 불편하다. 그러나 이곳은 유럽 내에서는 여행하기가 편리하다. 지중해와 대서양이 교차하고 아프리카 대륙을 마주하고 있는 이 곳은 한때 세계 경제의 중심지로서 크게 부흥한 적도 있었다. 많은 도시들 중 리스본은 역사적 고도로서 매우 아름답고 기후도 좋아서 많은 관광객이 찾는다. 이 도시의 주변에는 수많은 백사장이 있어서 특히 여름에는 유럽 각지에서 몰려오는 관광객으로 북새통을 이룬다. 따라서 하계 휴가여행을 떠날 때는 숙소예약이 사전에 확실히 되있어야 한다. 필자의 경우 8월 중순 경에도 예약을 하지 않아 하룻밤을 공원 벤취에서 노숙한 경험이 있다.

　　포르투갈의 두 번째 도시인 오 뽀르뚜(o Porto)는 중북부의 대서양 연안에 있는 영국풍의 도시로서 세계적인 포도주 산지로 잘 알려져 있다. 유명한 포도주 회사들이 바다에 연한 도우루(Douro)강 유역에 밀집해 있어 공장견학과 시음의 기회를 가질 수 있다. 또한 최남단인 알가르브(Algarve)지방은 지중해적 분위기가 감도는 우리나라의 제주도와 흡사한 곳으로서 청명한 기후와 아름다운 백사장으로 인해 사시사철 관광객이 들끓는다.

　　포르투갈은 비록 한반도의 남한과 비슷한 적은 면적이지만 가볼만한 곳들이 산재해 있어 여행안내 책자를 활용하여 스케줄을 잘 짜면 영원토록 잊혀지지 않을 경험을 하게 될 것이다.

　　브라질은 세계 제 5위의 큰 국토를 지닌 나라이기 때문에 아마

존의 열대 우림지역에서부터 중남부의 온대에 이르기 까지 매우
다양한 기후와 지역적 특성을 가지고 있다. 또한 브라질은 수많은
이민들로 구성된 다민족 사회로서 이른바 인종의 melting pot로
불리운다. 실제로 브라질에 가보면 백인과 16세기부터 노예 신분
으로 아프리카에서 수입된 흑인 간의 혼혈인 물라뚜(mulato)를
비롯하여 백인과 원주민 인디언 간의 혼혈 까보끌루(caboclo),
흑인과 원주민 간의 혼혈인 까푸조(cafuzo) 그리고 이들 혼혈 간
의 혼혈로 그야말로 인종 전시장을 연상케 한다.

브라질은 여행의 기회가 있으면 워낙 큰 나라인 만큼 분명한
목적을 가지고 가는 것이 좋겠다. 즉 아마존 유역의 원시림과 원
주민 생활에 관심이 있으면 북부지역을 여행의 목적지로 하고, 다
민족 사회의 특성을 찾고 싶으면 사웅 빠울루나 리우 디 쟈네이루
와 같은 대도시를 여행해야 할 것이다. 이름다움을 추구하는 여행
객들에게는 특히 리우 여행을 권장하고 싶다. 세계적 미항 리우는
말로 표현키 어려운 아름다움을 지녔다. 도시 전체를 조망할 수
있는 꼬르꼬바두 산정에는 거대한 예수 그리스도의 상이 있고 빠
웅 디 아쑤까르(Pão de Açúcar) 정상에서는 리우 시의 정면을
한 눈에 볼 수 있다. 꼬빠까바나 해변을 비롯하여 수많은 백사장
들이 도처에 산재한 리우에서는 주민들이나 호텔에 투숙한 여행
객들이 가벼운 수영복 차림으로 도심 속의 백사장에서 수영을 즐
길 수 있다. 이 도시가 더욱 유명한 것은 매년 2월에 열리는 삼바
축제 때문이다.

　　자연의 경이로움과 웅장함에 도취해 자신도 모르게 감탄사를 터트리게 하는 곳은 그랜드 케니언도 만리장성도 아니다. 루즈벨트 대통령의 영부인은 브라질 남부에 위치한 이구아수 폭포를 보고 외쳤다. "아 불쌍한 나이아가라여!"

　　이와 같이 브라질은 수많은 볼거리와 자연의 위대함을 느끼게 하는 곳이다. 그러나 이 모든 것을 보려면 많은 시간과 경비가 요구된다. 따라서 기회가 주어지면 치밀한 계획을 짜서 영원히 기억될 여행을 하시기 바란다.

즐거운 여행이 되시기를!
Boa Viagem!

보아　　비아젱!

박물관에서

시간적 여유가 있으면 많은 문화행사
에 참여하여 교양의 폭을 넓히도록
하자. 이것이 해외관광의 진정한 목
표가 되어야 할 것이다.

이 박물관은 몇시에 문을 엽니까?

A que horas abre este museu?

아 끼 오라스 아브리 에스띠 무제우?

이 박물관은 몇시에 문을 닫습니까?

A que horas fecha este museu?

아 끼 오라스 페샤 에스띠 무제우?

이 광장은 이름이 무엇입니까?

Como se chama esta praça?

꼬무 시 샤마 에스따 쁘라싸?

마이오르 광장이라고 합니다.

Chama-se praça Maior.

샤마-시 쁘라싸 마이오르.

저 성으로 가는 지름길을 가르쳐 주세요.
Mostre-me o atalho para aquele castelo,
por favor.

모스뜨리-미 우 아딸류 빠라 아껠리 까스뗄루, 뽀르 파보르.

성	castelo	까스뗼루
광장	praça	쁘라싸
궁전	palacio	빨라시우
박물관	museu	무제우
그림	desenho	디제뉴

사진을 찍어도 괜찮습니까?

Posso tirar foto?

뽀쑤 띠라르 포또?

그러세요.

Claro que sim.

끌라루 끼 싱.

뽀르띠나리의 그림은 어디에 있습니까?

Onde estão as obras de Portinari?

온디 이스따웅 아스 오브라스 디 뽀르띠나리?

저것은 누구의 작품입니까?

De quem são aquelas obras?

디 껭 사웅 아껠라스 오브라스?

그림엽서 있습니까?

Alguns cartões postais?

알궁스 까르똥이스 뽀스따이스?

화장실이 어디입니까?

유료 화장실 앞에서 당황하는 경우가 많다. 항
상 잔돈을 준비하는 것이 좋다.

화장실이 어디 입니까?

Onde fica a casa de banho(banheiro)?

온디　피까 아 까자 디　　　방유(방에이루)?

화장실을 써도 됩니까?

Posso usar a casa de banho?

뽀쑤　우자르 아 까자 디 방유?

예. 10 센따부를 슬롯트에 넣으세요.

Sim. Ponha 10 centavos na ranhura.

싱.　뽕야　데즈 센따부스 　나 라뉴라.

고맙습니다.

Obrigado(a).

오브리가두(다).

천만에요.

De nada.

디 나다.

쇼를 보다

브라질의 각 지방에서는 호텔에서
도 특색있는 문화행사나 쇼가 공
연되어 저렴한 비용으로 공연을
감상할 수 있다.

(호텔 프론트에서) 뮤지컬을 보고 싶은데요.

Quero ver um musical.

께루　베르　웅　무지깔.

지금 인기있는 작품이 무어죠?

Que musical é popular agora?

끼　무지깔　에　뽀뿔라르　아고라?

안내 책자 하나 주시겠어요?

Pode dar-me um programa?

뽀디　다르-미　웅　쁘로그라마?

내일 저녁 2명 자리를 예약해 주세요.

Reserva 2 assentos para a noite da amanhã, por favor.

레세르바 도이스 아쎈뚜스 빠라 아 노이띠 다 아마냥, 뽀르 파보르.

기꺼이 해 드리겠습니다.

Com prazer.

꽁　쁘라제르.

사진을 찍다

사진을 찍어달라고 부탁할 때는 상
냥한 미소로 정중하게 하자. 무뚝뚝
한 표정으로 불쑥 사진기를 내밀면
거절당할 수도 있다.

실례합니다!

Perdão!

삐르다웅!

셔터를 좀 눌러 주시겠어요?

Pode tirar uma foto para nós?

뽀디　띠라르　우마　포또　빠라　노이스?

아, 그러죠.

Ah, claro que sim.

아,　끌라루　끼　싱.

당신의 사진을 찍어도 괜찮겠습니까?

Posso tirar sua fotografia?

뽀쑤　띠라르　수아　포또그라피아?

당신과 같이라면 좋습니다.

Com você, sim.

꽁　보세,　싱.

주소와 성명	endereço e nome	인데레쑤 이 노미
필름	película	뻴리꿀라
전지	bateria	바떼리아
찍다	tirar	띠라르
사진	fotografia(foto)	포또그라피아(포또)

당신과 함께 사진을 찍고 싶습니다.

Posso tirar a fotografia com você?

뽀쑤 띠라르 아 포또그라피아 꽁 보세?

그럼요.

Certamente.

세르따멘띠.

이 사진을 당신께 보내드리지요.

Vou mandá-la a você.

보우 만다-라 아 보세.

그렇게 해주세요.

Por favor.

뽀르 파보르.

이름과 주소를 가르쳐 주세요.

Seu nome e endereço, por favor.

세우 노미 이 인데레쑤, 뽀르 파보르.

사교클럽에서

사교장에 갈 때는 사전에 옷차림이나
예법 등에 관한 기본지식을 갖추도록
한다.

좋은 파두 클럽 하나 추천해 주시겠어요?

Pode recomendar-me uma boa casa de
fados?

뽀디 레꼬멘다르-미 우마 보아 까자 디 파두스?

이브닝 드레스를 입어야 합니까?

É preciso traje de noite?

에 쁘레시수 뜨라지 디 노이띠?

나와 춤 한번 추실래요?

Dança comigo, por favor.

단싸 꼬미구, 뽀르 파보르.

민속춤을 좀 보고싶은데요.

Gostaria de ver danças folclóricas.

고스따리아 디 베르 단싸스 폴꼬로리까스.

시내에 디스코 텍이 있습니까?

Há alguma discoteca na cidade?

아 알구마 디스꼬떼까 나 시다디?

낚시

여행 중 낚시할 기회를 갖는 것도
추억에 남을 것이다. 현지에서 잘
잡히는 어종이 무언지를 알고
장비를 대여하도록 하자.

낚시에 관한 안내서가 있습니까?

Algum folheto para pescaria?

알궁　　폴례뚜　　빠라　　뻬스까리아?

주로 무엇이 잡힙니까?

Qual é a pesca principal?

꽐　에아　뻬스까　　쁘린시빨?

송어를 잡고 싶은데요.

Quero pescar algumas trutas.

께루　　뻬스까르　　알구마스　　뜨루따스.

허가증을 지금 얻을 수 있습니까?

Posso tirar a licença agora?

뽀쑤　　띠라르 아　　리셍싸　　아고라?

여권 있습니까?

Tem o passaporte?

뗑 우　　빠싸뽀르띠?

고기를 잡다	pescar	삐스까르
송어	truta	뜨루따
허가증	licença	리셍싸
미끼	isca	이스까
낚시줄	linha	린냐

안내자가 딸린 보트를 빌리고 싶습니다.

Um bote com guia, por favor.

웅 보띠 꽁 기아, 뿌르 파보르.

네. 문제없습니다.

Está bem. Não há problema.

이스따 벵. 나웅 아 쁘로블레마.

낚시도구와 미끼를 빌리고 싶은데요.

Quero alugar os apetrechos e a isca, por favor.

께루 알루가르 우스 아뻬뜨레슈스 이 아 이스까, 뿌르 파보르.

몇시에 출발합니까?

A que horas partimos?

아 끼 오라스 빠르띠무스?

2시 30분에요.

Às duas e meia.

아스 두아스 이 메이아

축구

브라질과 포르투갈에서는 축구가 가장 인기있는 스포츠이다. 수많은 경기장에서 터지는 떠나갈듯한 함성은 축구의 열기가 어느 정도 인가를 충분히 짐작케 한다.

축구 경기를 보고 싶습니다.

Gostaria de ver uma partida de futebol.

고스따리아 디 베르 우마 빠르띠다 디 푸띠볼.

최고의 팀은 어디입니까?

Qual é a melhor equipa?

꽐 에아 멜료르 이끼빠?

스타디움은 어디에 있습니까?

Onde fica o estádio?

온디 피까 우 이스따디우?

입장료는 얼마입니까?

Quanto custam as entradas?

꽌뚜 꾸스땅 아스 인뜨라다스?

누가 이기고 있습니까?

Quem está ganhando?

껭 이스따 가냔두?

투우장

포르투갈식 투우경기는 소를 죽이지 않고
쓰러뜨리는 것으로 끝난다. 투우장 입장
시 그늘진 곳과 양지인 곳으로 구분되어
입장료가 다른 것에 유념하기 바란다.

투우 구경을 원합니다.

Queria ver uma tourada.

께리아　베르　우마　또우라다.

어떤 자리가 제일 좋습니까?

Qual é o melhor assento?

꽐　에우　멜료르　아쎈뚜?

그늘진 자리입니다.

É um lugar na sombra.

에　웅　루가르　나　송브라.

맨 앞줄입니다.

É na barreira.

에　나　바헤이라.

햇볕드는 좌석은 값이 쌉니까?

O lugar ao sol é barato?

우　루가르　아오　솔　에　바라뚜?

승마

승마 경험이 없는 분들은 안내자의
지시에 따라야 한다. 생각보다 높게
느껴지는 말 위에서 당황은 금물!
낙마의 위험이 있다.

승마를 하고 싶습니다.

Quero montar a cavalo.

께루 몽따르 아 까발루.

초심자도 안전합니까?

Seguro para principiante?

세구루 빠라 쁘린씨삐안띠?

그럼요.

Absolutamente.

압솔루따멘띠.

한 시간에 얼마요?

Quanto custa a hora?

꽌뚜 꾸스따 아 오라?

20달러입니다.

Vinte dólares.

빈띠 돌라레스.

골프

아름다운 자연을 그대로 살려 만든
브라질의 골프코스들은 값도 저렴
하고 사람이 많지 않아서 좋다.

안녕하세요. 날씨가 좋군요.

Bom dia! Faz um belo dia.

봉 디아! 파스 웅 벨루 디아.

골프를 하고 싶은데요.

Queria jogar o golfe.

께리아 죠가르 우 골피.

예약을 부탁합니다.

Reserva, por favor.

레세르바, 뽀르 파보르.

4명 입니까?

Para o grupo de 4 pessoas?

빠라 우 그루뿌 디 꽈뜨루 뻬쏘아스?

네. 그린피는 얼마인가요?

Sim. Quanto é por pessoa?

싱. 꽌뚜 에 뽀르 뻬쏘아?

카트	carreta	까헤따
구두	sapatos	사빠뚜스
골프크럽	clubes de golfe	끌루비스 디 골피
예약	reservação	레세르바싸웅
장갑	luvas	루바스

이 요금에는 카트비가 포함되 있나요?

Incluindo a carreta?

잉끌루인두 아 까헤따?

아니요. 카트비는 별도입니다.

Não. A carreta é extra.

나웅. 아 까헤따 에 에스뜨라.

구두를 빌려 주세요.

Sapatos, por favor.

사빠뚜스, 뽀르 파보르.

티오프는 몇시 입니까?

Quando podemos começar?

꽌두 뽀데무스 꼬메싸르?

10시 반입니다.

Às dez e meia.

아스 데즈 이 메이아.

다이빙

브라질의 호텔들은 대부분 실내나 옥외 수영장을 갖고 있다. 투숙객들은 자유롭게 이용할 수 있으니 여가를 활용하도록 하자.

여기 어디 좋은 다이빙 교습소가 있습니까?

Há alguma boa escola para mergulho?

아 알구마 보아 이스꼴라 빠라 메르굴류?

소개해 드릴 수 있는데요.

Posso apresentar-lhe a uma.

뽀쑤 아쁘레젠따르-리 아 우마.

스쿠바 다이빙 면허증이 필요합니다.

Quero a licença para "Scuba Diving".

께루 아 리셍싸 빠라 스쿠바 다이빙.

면허증을 따는데 얼마나 걸립니까?

Quanto tempo é preciso?

꽌 뚜 뗌뿌 에 쁘레시주?

우린 그저 초보자들입니다.

Somos principiantes.

소무스 쁘린시삐안띠스.

다이빙	mergulho	메르굴류
수영하다	nadar	나다르
어린애	criança	끄리앙싸
위험한	perigoso(a)	뻬리고주(자)
안전한	seguro(a)	세구루(라)

다이빙은 이것이 처음입니다.

Este é meu primeiro mergulho.

에스띠 에 메우   쁘리메이루   메르굴류.

잘 하시는데요.

Está fazendo bem.

이스따   파젠두   벵.

저는 수영을 잘 못합니다.

Não sou bom nadador.

나웅   소우   봉   나다도르.

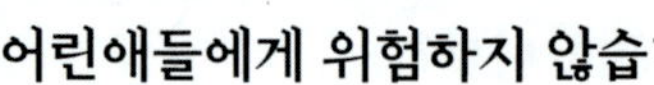

어린애들에게 위험하지 않습니까?

Não há perigo para as crianças?

나웅   아   뻬리구   빠라 아스   끄리앙싸스?

옥외 수영장입니까, 실내 수영장입니까?

É ao ar livre ou coberta?

에 아오 아르 리브리 오우   꼬베르따?

서핑 · 윈드서핑

리우 디 쟈네이루에는 꼬빠까바나를 비롯
한 수많은 백사장이 있다. 이 세계적 명
소에서 한 번쯤 서핑을 즐기는 것도 기념
이 될 것이다.

이 도시에 괜찮은 서핑 교습소가 있습니까?

Há uma boa escola para o surf?

아 우마 보아 이스꼴라 빠라 우 서프?

네, 서너군데 있습니다.

Sim, temos algumas.

싱, 떼무스 알구마스.

보드를 하나 빌리고 싶은데요.

Queria alugar uma prancha de "surf".

께리아 알루가르 우마 쁘란샤 디 서프.

여기서 하나 고르세요.

Pode escolher aqui.

뽀디 이스꼴례르 아끼.

교습을 받고 싶습니다.

Quero a aula prática.

께루 아 아울라 쁘라띠까.

고르다	escolher	이스꼴레르
빌리다	alugar	알루가르
조심자	principiante	쁘린씨삐안띠
바람	vento	벤뚜
장소	lugar	루가르

초심자를 위한 가장 좋은 장소가 어딥니까?

Onde é o mellor lugar para principiante?

온디 에 우 멜료르 루가르 빠라 쁘린씨삐안 띠?

조심할 점은 무엇이죠?

Alguma precaução?

알구마 쁘리까우싸웅?

선생님 말씀만 들으세요.

Justamente siga a orientação do professor.

쥬스따멘 띠 시가 아 오리엔따싸웅 두 쁘로페쏘르.

오늘은 바람이 어떻게 붑니까?

Como está o vento hoje?

꼬무 이스따 우 벤뚜 오지?

서핑에 안성맞춤입니다.

Perfeito para surfing.

뻬르페이뚜 빠라 서핑.

해변에서

리스본 근교의 에스또릴 해변이나 리우
의 꼬빠까바나 해변에서 수영을 하거나
바닷가를 산책하는 것은 잊지 못할 추
억이 될 것이다.

무척 덥군요!

Está muito quente!

이스따 무이뚜 껜띠!

예, 수영하러 갈까요?

Sim, gostaria de ir nadar?

싱, 고스따리아 디 이르 나다르?

가장 좋은 해변이 어디죠?

Onde ficam as melhores praias?

온디 피깡 아스 멜료레스 쁘라이아스?

어디서 비치 파라솔을 구하죠?

Onde posso obter um guarda-sol?

온디 뽀쑤 옵떼르 웅 과르다-솔?

스킨다이빙 장비는 어디서 구하죠?

Onde posso obter equipamento para
mergulho?

온디 뽀쑤 옵떼르 이끼빠멘뚜 빠라 메르굴류?

더운	quente	껜띠
추운	frio(a)	푸리우(아)
수영하다	nadar	나다르
풀장	piscina	삐씨나
해변	praia	쁘라이아

풀장이 어디 있습니까?

Onde fica a piscina?

온디 피까 아 삐씨나?

몇시에 개장 합니까?

A que horas abre a piscina?

아 끼 오라스 아브리 아 삐씨나?

어린이들에게 위험한가요?

É perigoso para crianças?

에 뻬리고주 빠라 끄리앙쌰스?

그렇지 않아요. 깊지 않습니다.

Não acho. É rasa.

나웅 아슈. 에 라자.

옥외 수영장입니까 실내 수영장입니까?

É ao ar livre ou coberta?

에 아오 아르 리브리 오우 꼬베르따?

캠핑

브라질의 넓은 초원에는 수많은 캠핑장이 있다. 포르투갈에는 바나에 인접한 해변가의 송림 속에 아름다운 캠핑장이 많이 있다. 값도 저렴하다.

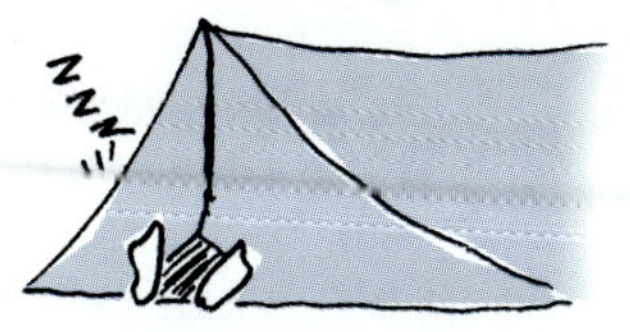

캠핑장은 어디 있습니까?

Onde fica um parque de campismo?

온디 피까 웅 빠르끼 디 깡삐스무?

여기서 캠핑 할 수 있습니까?

Podemos acampar aqui?

뽀데무스 아깡빠르 아끼?

캐러번을 놓을 자리가 있습니까?

Tem lugar para uma caravana?

뗑 루가르 빠라 우마 까라바나?

하루에 얼마인가요?

Quanto custa por dia?

꽌뚜 꾸스따 뽀르 디아?

물과 전기가 있습니까?

Tem água potável e electricidade?

뗑 아구아 뽀따벨 이 일레뜨리시다디?

렌트카로 드라이브

차를 빌릴때는 반납이 편리한 곳에서
하는 것이 좋다. 반드시 보험에 가입하
고 떠나기 전에 차의 상태나 특성등을
파악하고 지도도 준비하자.

차를 한 대 빌리고 싶습니다.

Preciso alugar um carro.

쁘레시주　알루가르　웅　까후.

얼마동안 입니까?

Por quanto tempo vai precisar?

뽀르　꽌뚜　뗑뿌　바이　쁘레시자르?

하루에 얼마입니까?

Qual é a tarifa por dia?

꽐　에 아　따리파　뽀르　디아?

20 레아이스입니다.

Custa 20 reais.

꾸스따　빈띠　레아이스.

일주일만 빌리면 더 쌉니까?

É mais barato por semana?

에 마이스　바라뚜　뽀르　세마나?

가격일람표	tarifa	따리파
일주일	uma semana	우마 세마나
자동차	carro	끼후
보험	seguro	세구루
싼	barato(a)	바라뚜(따)

물론이죠.

Claro que sim.

끌라루 끼 싱.

그럼 일주일간 차를 빌리겠습니다.

Então, vou levá-lo por uma semana.

인따웅, 보우 레바-로 뽀르 우마 세마나.

어떤 차를?

Que tipo?

끼 띠뿌?

오토매틱을 원합니다.

Preciso de um carro automático.

쁘레시주 디 웅 까후 아우또마띠꾸.

보험료는 얼마입니까?

Quanto custa o seguro?

꽌뚜 꾸스따 우 세구루?

보증금	depósito	디뽀지뚜
도시	cidade	시다디
에어컨	ar-condicionado	아르- 꼰디시오나두
보도	calçada	깔싸다
차도	rua	루아

보중금이 필요합니까?

Precisa de um depósito?

쁘레시자　디　웅　디뽀지뚜?

면허중 좀 보여 주실까요?

Posso ver a carta de condução?

뽀쑤　베르 아　까르따　디　꼰두싸웅?

여기 제 국제 면허중이 있습니다.

Aqui está minha carta internacional.

아끼　이스따　민냐　까르따　인떼르나씨오날.

모두 얼마입니까?

Quanto é tudo?

꽌뚜　에　뚜두?

자동차를 다른 도시에서 반환 할 수 있나요?

Posso entregar o carro em outra cidade?

뽀쑤　인뜨레가르　우　까후　잉　오우뜨라　시다디?

고속도로	auto-estrada	아우또- 이스뜨라다
교차점	cruzamento	끄루자멘뚜
교통신호	luzes de tráfego	부시스 디 뜨라페구
역	estação	이스따싸웅
지도	mapa	마빠

이 것이 상뚜스 가는 길 입니까?

É esta a estrada para Santos?

에 에스따 아 이스뜨라다 빠라 상뚜스?

더 좋은 길이 있습니까?

Tem outra estrada melhor?

뗑 오우뜨라 이스뜨라다 멜료르?

지름길이 있나요?

Tem uma estrada mais curta?

뗑 우마 이스뜨라다 마이스 꾸르따?

우리는 길을 잃은 것 같습니다.

Acho que estamos perdidos.

아슈 끼 이스따무스 뻬르디두스.

시내 중심지까지 어떻게 갈 수 있을까요?

Como posso ir ao centro da cidade?

꼬무 뽀쑤 이르 아오 센뜨루 다 시다디?

무연	sem chumbo	셍 슘부
타이어	pneu	쁘네우
다리	ponte	쁜띠
경찰	polícia	뽈리시아
채우다	encher	인쉐르

가장 가까운 주유소는 어딘가요?

Qual é o posto de gasolina mais próximo?

꽐 에 우 뽀스뚜 디 가졸리나 마이스 쁘로시무?

가득 채워 주세요.

Encha o tanque, por favor.

엥샤 우 땅끼, 뽀르 파보르.

10리터만 넣이 주세요.

Dê-me 10 litros de gasolina.

데-미 데즈 리뜨루스 디 가졸리나.

배터리 좀 살펴봐 주세요.

Verifique a bateria

베리피끼 아 바떼리아.

타이어 압력 좀 봐 주세요.

Pode verificar a pressão dos pneus.

뽀디 베리피까르 아 쁘레싸웅 도스 쁘네우스.

펑크난	furado(a)	푸라두(다)
수선하다	consertar	꽁세르따르
열쇠	chave	샤비
잊다	esquecer	이스께세르
거리	distância	디스땅시아

타이어가 펑크 났습니다.

Tenho um pneu furado.

뗑유 웅 쁘네우 푸라두.

펑크 좀 수선해 주시겠어요?

Pode consertar este furo?

뽀디 꽁세르따르 에스띠 푸루?

차가 과열되었습니다.

Está esquentando muito.

이스따 이스껜딴두 무이뚜.

열쇠를 차 안에 넣어 두고 있었습니다.

Esqueci as chaves dentro.

이스께시 아스 샤비스 덴뜨루.

보조 열쇠가 없습니다.

Não tenho uma chave extra.

나웅 뗑유 우마 샤비 에스뜨라.

수리소	mecânico	메까니꾸
견인	reboque	리보끼
가까운	próximo	쁘로시무
먼	longe	롱지
건물	edifício	이디피시우

차를 수리소까지 견인해 주시겠습니까?

Pode levar o carro até um mecânico?

뽀디　레바르　우　까후　아떼　웅　메까니꾸?

에어콘에 뭔가 잘못이 있습니다.

Algo está errado com o ar-condicionado.

알구　이스따　에하두　꽁　우　아르- 꼰디시오나두.

고칠 수 있겠어요?

Pode consertá-lo?

뽀디　꽁세르따-로?

얼마나 걸릴까요?

Quanto tempo vai demorar?

꽌뚜　뗑뿌　바이　디모라르?

비용이 얼마나 될까요?

Quanto vai custar?

꽌뚜　바이　꾸스따르?

물건사기

주의사항 한마디

▶ 브라질에서의 쇼핑

브라질에서의 쇼핑은 관광객들에게 매우 특이한 경험이 될 것이다. 다양한 의류, 귀금속, 가죽제품과 각종 수공예품은 사람들의 마음을 사로잡기에 충분하다.

쇼핑의 편의를 돕기 위해 대부분의 가게들은 여행자 수표나 달러화를 받는다. 가게 외에도 옥외 좌판에서 파는 상품들의 경우는 흥정으로 물건 값을 싸게 할 수 있다.

남미 최대의 상업 중심지인 사웅 빠울루는 남부 지역에 이구아떼미(Iguatemi), 모룸비(Morumbi), 이비라뿌에라(Ibirapuera) 그리고 엘도라두(Eldorado)라는 거대한 4개의 쇼핑 몰이 있다. 한편 리우 시에는 꼬빠까바나(Copacabana)와 비스꼰디 디 삐라쟈(Visconde de Piraja)등이 쇼핑가로서 잘 알려져있다. 그리고 만일 보석류에 관심이 있으면 브라질에 본점이 있고, 세계 각지의 대도시에 지점망을 갖춘 H.Stern이라는 보석상에서 최상의 보석류를 감상 할 수 있다.

브라질은 흔히 천연자원의 보고라고 알려지고 있다. 따라서 브라질 여행시에는 화려한 쇼핑가에서 값비싼 물건을 구입하는 데 관심을 가질게 아니라 대도시의 광장이나 관광지의 길가에 좌판을 벌리고 행상 자신들이 직접 만들거나 수집한 토산품이나 공예품에 눈길을 주시기 바란다. 필자는 여행 중 히피 시장에 진열된 삐라니아라는 식인 물고기 박제, 나비 표본, 천연광물 원석, 희귀한 빠우 브라질 나무로 만든 목공예품 그리고 소가죽으로 만든 저렴한 공예품들에서 많은 매력을 느꼈다.

▶ 포루투갈에서의 쇼핑

포르투갈인들은 수공예에서 매우 뛰어난 재능을 지니고 있다. 어느 곳에서나 마주칠 수 있는 손으로 엮은 광주리, 정교하게 수 놓은 식탁보나 내프킨, 브라우스 등은 보는이들로 하여금 감탄을 자아내게 한다. 포르투갈의 대도시들에는 센뜨루 꼬메르시알이라 부르는 쇼핑 센터가 동내 마다 있다. 이 건물 안에는 각종 상가와 식당 그리고 극장도 있어서 한 건물 안에서 여러 가지를 즐길 수 있는 것이다.

리스본 시내에는 도처에 쇼핑가가 있지만 아모레이라스라는 쇼 핑 몰은 시내 한복판에 있고 그 규모가 엄청나다. 한번쯤 구경할 만 한 곳이다. 또한 시내 중심가인 로씨우 광장의 뒤켠 골목 거리 인 쉬아두 백화점 거리는 고급식품, 포도주, 각종 상품을 파는 상 가가 형성되 있어서 물건을 사지 않더라도 한번 산책을 겸하여 방 문하시라.

포르투갈 여행후 귀국시 많은 사람들이 여행 기념으로 사오는 것들 중에는 아쥴레쥬라 하는 우리나라의 타일에 해당하는 것이 있다. 마치 우리의 고려청자나 이조백자 처럼 옛전통을 존중하며 계승해온 타일 판넬에는 그들의 고유한 그림들이 청색으로 채색 되어 있고, 여러 장의 타일이 합하여 하나의 작품을 이룬다. 값도 크기나 질에 따라 차이는 있겠지만 저렴한 편이다. 또한 포르투갈

주의사항 한마디

에서 가장 많이 생산되는 코르크는 여러 가지 수공예품으로 만들어져 관광객의 눈길을 끈다. 포도주 역시 세계적인 질을 자랑하고 있기 때문에 뽀르뚜 와인 한 병쯤은 가져오시면 기념이 될 것이다.

그 밖에도 지방을 여행할 때 까스뗄루 브랑꾸에서는 수놓은 침대보를, 빌라 두 꼰디에서는 아름다운 레이스를 쇼핑할 수 있고 비스따 알레그르의 도자기와 바르셀루스의 수탉 모형도 구경거리가 된다.

비록 화려하거나 고급스럽지는 않지만 소박하고 꾸밈 없는 그들의 손재간을 간단하고 저렴한 수공예품에서 느껴 보시기 바란다.

기본회화

가게여는 시간이 우리와는 달리 오전 두시간여
그리고 오후 두서너 시간으로 매우 짧기 때문에
현지의 쇼핑 습관을 잘 이해하고, 아울러 관광
객을 위한 특별한 상가들을 알아두어야 한다.

안녕하세요!

Olá!

올라!

어서 오세요(뭘 도와드릴까요?).

Posso ajudá-lo?

뽀쑤　　아쥬다-로?

잠깐 구경할 뿐이요.

Estou só a ver.

이스또우 쏘 아 베르.

나는 목걸이를 찾고 있는데요.

Estou procurando um colar.

이스또우　　쁘로꾸란두　　웅　　꼴라르.

이리로 오시죠.

Venha cá, por favor.

벵야　　까,　　뽀르　파보르.

목걸이	colar	꼴라르
모피	pelo	뻴루
도기	cerâmica	세라미까
자수	bordado	보르다두
비싼	caro(a)	까루(라)

이거 얼마예요?

Quanto custa?

꽌 뚜 꾸스따?

별로 마음에 안 드는데요.

Não gostei.

나웅 고스떼이.

저것을 보여 주시겠어요?

Pode mostrar-me aquilo?

뽀디 모스뜨라르- 미 아낄루?

이것은 토산품입니까?

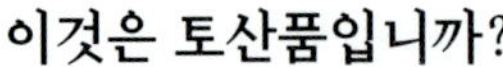

Isto é um produto nacional?

이스뚜 에 웅 쁘로두뚜 나씨오날?

더 비싼 다른 것은 없습니까?

Não tem nada mais caro?

나웅 뗑 나다 마이스 까루?

타월	toalha	또알랴
셔츠	camisa	까미자
수영복	fato de banho	파뚜 디 방유
색안경	óculos de cor	오꿀루스 디 꼬르
칫솔	escova de dentes	이스꼬바 디 덴띠스

어서 들어와 구경하세요.

Venha cá e veja, por favor.

벵야 까 이 베쟈, 뽀르 파보르.

이것을 주세요.

Fico com isto.

피꾸 꽁 이스뚜.

잘 어울립니다.

Fica bem para você.

피까 벵 빠라 보세.

미안하지만 제가 원하는게 아니에요!

Sinto muito, aquilo não é o que quero!

신뚜 무이뚜, 아낄루 나웅 에 우 끼 께루!

(그럼) 이건 어떠세요?

Que tal acha isto?

끼 딸 아샤 이스뚜?

값을 깎는 법

고급 상점들은 대부분 정찰제로 값을
깎을 수 없지만 세일 기간 중에는 경
우에 따라 절반 가격으로 살 수 있는
물건들도 많다.

값이 너무 비싼데요.

É muito caro.

에 무이뚜 까루.

이것은 어때요?

Como é isto?

꼬무 에 이스뚜?

필요 없어요.

Não precisa.

나웅 쁘레시자.

더 싼 것은 없나요?

Não tem nada mais barato?

나웅 뗑 나다 마이스 바라뚜?

이거 마음에 드실 겁니다.

Talvez possa gostar disto.

딸베스 뽀싸 고스따르 디스뚜.

선물	presente	쁘레젠띠
융단	tapeçaria	따뻬싸리아
유리제품	artigos de vidro	아르띠구스 디 비드루
항아리	vaso	바주
반지	anel	아넬

안녕하세요? 도와드릴까요?

Olá! Posso ajudá-lo?

올라! 뽀쑤 아쥬다-로?

네, 이것을 사겠어요.

Sim, vou comprar isto.

싱, 보우 꽁쁘라르 이스뚜.

할인은 없나요?

Não há desconto?

나웅 아. 디스꼰뚜?

그럼 20퍼센트만 깍아 드리지요.

Bom, ofereço 20% de desconto.

봉, 오페레쑤 빈띠 뽀르 센뚜 디 디스꼰뚜.

좋아요. 포장해 주세요.

Está bem. embrulhe-o, por favor.

이스따 벵. 잉브룰리- 우, 뽀르 파보르.

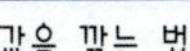

의류품 매장에서

구입하기 전에 치수를 확인하고 반드시 입어보자. 서구인들의 체형은 우리와 달라 치수가 맞더라도 입으면 차이가 나는 경우가 많다.

이것은 여자용인가요?

Isto é para senhoras?

이스뚜 에   빠라   시뇨라스?

그렇습니다.

Corretamente.

꼬헤따멘띠.

내게 맞는 사이즈는 어떤 겁니까?

Qual é o meu tamanho?

꽐   에우 메우   따만뉴?

사이즈가 몇이지요?

Que é o seu tamanho?

끼   에우 세우   따만뉴?

제 허리 사이즈는 60센티미터입니다.

Eu tenho 60 centímetros de cintura.

에우   뗑유 세쎈따   센띠메뜨루스   디   신뚜라.

사이즈	tamanho	따만뉴
더 좋은	melhor	멜료르
최상의	o melhor	우 멜료르
할인	desconto	디스꼰뚜
면	algodão	알고다웅

헐거운거 같군요.

Está folgado.

이스따 폴가두.

내 치수를 좀 재 주세요.

Pode tirar-me as medidas?

뽀디 띠라르-미 아스 메디다스?

나는 브라질 사이즈를 잘 몰라요.

Não conheço as medidas brasileiras.

나웅 꼰녜쑤 아스 메디다스 브라질레이라스.

입어봐도 괜찮습니까?

Posso provar?

뽀쑤 쁘로바르?

탈의실이 어딘가요?

Onde é a cabine de provas?

온디 에 아 까비니 디 쁘로바스?

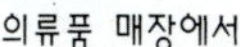

거울	espelho	이스뻴류
비단	seda	세다
울(모)	lã	렁
가죽	couro	꼬우루
짧은	curto(a)	꾸르뚜(따)

거울이 있습니까?

Há um espelho?

아 웅 이스뻴류?

잘 어울리는군요.

Fica muito bem.

피까 무이뚜 벵.

안 어울리는군요.

Não fica bem.

나웅 피까 벵.

너무 길어요.

Está muito comprido.

이스따 무이뚜 꽁쁘리두.

줄이는데 얼마나 걸릴까요?

Quanto tempo leva para modificar?

꽌뚜 뗑뿌 레바 빠라 모디피까르?

직물	tecido	떼시두
브래지어	soutien	소우띠엥
코트	casaco comprido	까자꾸 꿈쁘리두
모자	chapéu	샤뻬우
파자마	pijamas	삐쟈마스

이걸로 푸른 색 있어요?

Você tem azul?

보세 뗑 아줄?

이 색깔은 마음에 안들어요.

Não gosto da cor.

나웅 고스뚜 다 꼬르.

좀 더 얇은 걸로 원합니다.

Quero qualquer coisa mais fina.

께루 꽐께르 꼬이자 마이스 피나.

더 좋은 품질은 없나요?

Tem uma qualidade melhor?

뗑 우마 꽐리다디 멜료르?

캐시미어 제품이 있습니다.

Temos casimira.

떼무스 까지미라.

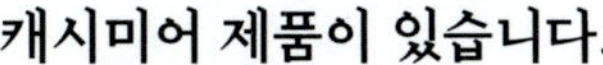

스커트	saia	사이아
넥타이	gravata	그라바따
우산	guarda-chuva	과르다-슈바
여행	viagem	비아젱
신발	sapatos	사빠뚜스

좋아요. 그걸 사겠습니다.

Está bem. Vou comprá-lo.

이스따　벵.　보우　꽁쁘라-로.

자, 여기 있어요.

Aqui está.

아끼　이스따.

안녕히 가십시오.

Passe bem.

빠씨　벵.

할인 고맙습니다.

Obrigado(a) pelo desconto.

오브리가두(다)　뻴루　디스꼰뚜.

좋은 여행 되세요!

Boa viagem!

보아　비아젱!

악세사리 매장에서

금이나 은 등 귀금속을 구입 할 때는
순도를 반드시 확인하도록 한다.

보석 매장이 어디입니까?

Onde posso encontrar a joalheria?

온디 뽀쑤 인꼰뜨라르 아 죠알레리아?

아래 충입니다.

É em baixo.

에 잉 바이슈.

이 목걸이를 보여 주세요.

Mostre-me este colar, por favor.

모스뜨리-미 에스띠 꼴라르, 뽀르 파보르.

이것은 24금인가요?

Este é de 24 quilates?

에스띠 에 디 빈띠 이 꽈뜨루 낄라띠스?

네, 자 보십시오.

Sim, aqui está.

싱, 아끼 이스따.

귀굼속	pedra preciosa	뻬드라 쁘레시오자
에메랄드	esmeralda	이스메랄다
사파이어	safira	사피라
진주	pérola	뻬롤라
금	ouro	오우루

이것은 무슨 보석이지요?

Que pedra é esta?

끼　뻬드라　에　에스따

다이아몬드입니다.

Diamante.

디아만띠.

몇 카라트 인가요?

Quantos quilates tem?

꽌뚜스　낄라띠스　뗌?

이건 진짜 은인가요?

É prata de lei?

에　쁘라따　디　레이?

보증서가 있습니까?

Com garantia?

꽁　가란띠아?

화장품 매장에서

우리 피부에 맞는 국산품을 사용하는 것이
바람직 하지만 올리브유처럼 저렴하고 다양
하게 쓰이는 여행지의 특산품을 기념으로
구입하는 것도 좋겠다.

썬탠 로션 있어요?

Há bronzeador?

아　브론지아도르?

립스틱 좀 보여주세요.

Mostre-me um batom.

모스뜨리- 미　웅　바똥.

지금 유행하는 색이 무엇인가요?

Que côr está na moda agora?

끼　꼬르　이스따　나　모다　아고라?

아이섀도우를 좀 보여주세요.

Mostre-me umas sombras para os olhos,
por favor.

모스뜨리-미　우마스　쏭브라스　빠라　우스　올류스,　뽀르　파보르.

선호하시는 상호라도?

Algumas preferência?

알구마스　쁘리페렌시아?

빗	pente	뻰띠
향수	perfume	뻬르푸미
비누	sabão	사바웅
화장지	papel higiênico	빠뻴 이지에니꾸
립스틱	batom	바똥

밝은색 매니큐어를 보여주실까요?

Mostre-me um esmalte de côr clara?

모스뜨리-미 웅 이스말띠 디 꼬르 끌라라?

이건 어떠세요?

Que tal acha este?

끼 딸 아샤 에스띠?

다른 색은 없어요?

Algumas outras cores?

알구마스 오우뜨라스 꼬리스?

조금 발라 봐도 됩니까?

Posso provar?

뽀쑤 쁘로바르?

그럼요.

Claro que sim.

끌라루 끼 싱.

서점에서

여행지의 언어를 모르더라도 이해할
수 있는 화보로된 예술, 문화, 음식,
여행 등에 관계된 책들을 구입하면
많은 도움이 될 것이다.

서점이 어디에 있습나까?

Onde há uma livraria?

온디   아   우마   리브라리아?

영-포 사전 있습니까?

Há dicionário inglês-português?

아   디시오나리우   잉글레스-뽀르뚜게스?

헌책도 있습니까?

Há livros em segunda mão?

아 리브루스 잉   세군다   마웅?

도로 안내지도 있습니까?

Há um mapa rodoviário?

아 웅 마빠   로도비아리우?

미술서적(코너)은 어디 있습니까?

Onde ficam os livros de arte?

온디   피깡 우스 리브루수 디 아르띠?

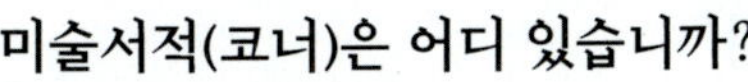

구두 매장에서

구입한 신발이 맞지 않으면 일정 기
간 내에는 언제라도 교환이 가능하
니 영수증을 잘 보관 하도록 한다.

하이힐 한 켤레를 원합니다.

Queria um par de sapatos de salto alto.

께리아 　 웅 　 빠르 디 　 사빠뚜스 　 디 　 살뚜 　 알뚜.

신어봐도 됩니까?

Posso prová-los?

뽀쑤 　 쁘로바-로스?

이 구두는 너무 작군요.

Estão pequenos demais.

이스띠웅 　 삐께누스 　 디마이스.

같은 걸로 검정색 있습니까?

Teria o mesmo modelo de cor preta?

떼리아 우 　 메즈무 　 모델루 　 디 꼬르 쁘레따?

구두약이 필요합니다.

Preciso de graxa para sapatos.

쁘레시주 디 　 그라샤 　 빠라 　 사빠뚜스.

면세점에서

면세점은 물건을 싸게 사는 이점은 있지만 대부분 출국시 이용을 하게 되있어서 불편한 점이 많다. 최근 국내 공항에도 입국자를 위한 면세점이 문을 연다고 한다.

면세점이 어디죠?

Onde há "duty free shop"?

온디 아 듀티 프리 샵?

옆에 있습니다.

Ao lado.

아우 라두.

적 포도주 세 병 주실까요?

Três garrafas de vinho tinto, por favor?

뜨레스 가하파스 디 비뉴 띤뚜, 뽀르 파보르?

다른 것은요?

Qualquer coisa mais?

꽐께르 꼬이자 마이스?

향수 있어요?

Há perfumes?

아 뻬르푸미스?

영수증	recibo	레시부
사다	comprar	꽁쁘라르
팔다	vender	벤데르
여행자	turista	뚜리스따
점원	caixeiro	까이쒜이루

이것이 모두입니다.

É tudo.

에 뚜두.

여행자 수표로 지불할 수 있어요?

Posso pagar em cheque de viagem?

뽀쑤 빠가르 잉 쒜끼 디 비아젱?

그럼요.

Claro que sim.

끌라루 끼 싱.

영수증을 주세요.

O recibo, por favor.

우 레시부, 뽀르 파보르.

네, 여기 있습니다.

Sim, aqui está seu reciao.

싱, 아끼 이스따 세우 레시부.

면세점 할인제도 이용

외국인 여행자를 위한 할인제도가 있는지
확인하고 이것을 이용하면 보다 적은 비용
으로 원하는 물건을 구입할 수 있다.

여행자를 위한 할인제도가 있습니까?

Algum desconto para turistas?

알궁   디스꼰뚜   빠라   뚜리스따스?

있고 말고요.

Claro que sim.

끌라루   끼   싱.

얼마 이상을 사야 합니까?

Quanto devo comprar?

꽌뚜   데부   꽁쁘라르?

이제 어디로 찾아가야 하나요?

Onde devo ir agora?

온디   데부 이르 아고라?

점원한테 가세요.

Vá ao caixa, por favor.

바 아우   까이샤,   뽀르 파보르.

포르투갈과 브라질 의류 및 신발 치수 비교표

여성의복						
미국	8	10	12	14	16	18
영국	10	12	14	16	18	20
포르투갈	36	38	40	42	44	46
브라질	38	40	42	44	46	48

스타킹				신발			
미국 영국	$8 - 8\frac{1}{2}$	$9 - 9\frac{1}{2}$	$10 - 10\frac{1}{2}$	$4\frac{1}{2}$ 3	$5\frac{1}{2}$ 4	$6\frac{1}{2}$ 5	$7\frac{1}{2}$ 6
포르투갈 브라질	36 - 38	38 - 40	40 - 42	36	37	38	39

남성의복						남성셔츠			
미국 영국	36	38	40	42	44	46	15	16	17	18
포르투갈 브라질	46	48	50	52	54	56	38	41	43	45

남성신발					
미국 영국	5	6	7	8	$8\frac{1}{2}$
포르투갈 브라질	38	39	41	42	43

전화 · 우편

- 주의사항 한마디
- 전화를 걸 때
- 편지를 부칠 때
- 소포를 보낼 때

주의사항 한마디

▶ 전화

공중전화는 역, 공원, 간선도로, 우체국 그리고 백화점 등의 사람의 왕래가 잦은 곳에 많이 설치되어 있다.

브라질에서는 잉브라뗄(Embratel)이라는 국가가 운영하는 전화국이 전국 모든 지역을 연결하고 있다. 흔히 큰 귀라는 의미를 지닌 오렐룡이스(Orelhões)로 불리는 공중전화는 처음봐도 그 모양이 사람의 귀를 닮았다는 것을 느낄 수 있다.

공중전화의 이용시 신문 판매대나 가게에서 토큰이나 피샤(Ficha)를 구입하여 통화를 할 수 있다. 또한 국제전화를 위해서는 다이얼 000111을 돌려 교환을 통한다. 국제전화를 위한 정보를 얻기 위해서는 다이얼 000333을 돌린다. 이 번호를 통해 연결되는 교환원은 영어를 구사한다.

브라질 내에서 도시 간 자동 콜렉트 콜을 할 경우 9번을 돌리고 지역 코드와 수신인의 전화번호를 돌린다. 리우의 지역코드는 021이고 사웅 빠울루는 011이다. 그 밖의 지역 코드는 공중전화 박스 안에 비치된 전화번호부나 박스 안 벽면에 부착되 있다.

포르투갈에서 공중전화는 붉은색, 푸른색 또는 초록색갈로 칠해 있다. 이 전화로는 시내, 장거리 그리고 국제 전화가 가능하다. 각 지역에 따른 전화 코드는 전화번호부를 참조하면 된다. 또 하나 특이한 점은 시내의 관광객이 많이 몰리는 지역에 이동 전화국이 설치되어 간편하게 국제전화를 이용할 수 있다는 것이다.

▶ 우편

브라질에서 우체국은 주중 오전 9시부터 오후 5시 까지, 토요일은 정오 까지 연다. 우표는 우체국과 신문, 잡지 판매점에서 구입할 수 있다. 호텔의 가게들에서도 우편엽서와 더불어 우표를 판매하기도 한다. 편지는 보통 브라질에서 미국 까지 약 5일, 우리나라까지는 약 7~8일 정도 걸린다.

포르투갈에서 우체국은 주중 오전 9시부터 12시 30분 까지 그리고 점심 시간 후 2시 30분부터 6시 까지 열린다. 따라서 관광객들에게 주는 불편이 크기 때문에 리스본 시내 중심가인 레스따우라도르(Restaurador)에 위치한 우체국을 이용하면 편리하다. 이곳은 관광객을 위해 근무 시간을 연장하고 있다.

전화를 걸 때

공중전화로 국제전화를 할 때는 주화를 충분히 바꿔 사용하도록 한다. 사용방법을 알 수 없는 경우에는 누구에게나 도움을 요청하면 친절히 알려줄 것이다.

여보세요?

Alô?

알로?

교환입니까?

Telefonista?

뗄리포니스따?

네, 무슨 일이신데요?

Sim, posso ajudá-lo?

싱, 뽀쑤 아쥬다-로?

한국에 전화를 걸고 싶습니다.

Quero telefonar a Coréia, por favor.

께루 뗄리포나르 아 꼬레이아, 뽀르 파보르.

좋습니다. 잠시만요.

Está bem. Um momento.

이스따 벵. 웅 모멘뚜.

교환	telefonista	뗄리포니스따
국제전화	chamada internacional	샤마다 인떼르나시오날
장거리 전화	chamada interurbana	샤마다 인떼루르바나
공중전화	telefone público	뗄리포니 뿌불리꾸
본고장 전화	chamada urbana	샤마다 우르바나

상대방의 번호와 이름은 무엇입니까?

Qual é o seu nome e número?

꽐 에 우 세우 노미 이 누메루?

서울, 362-2212번, 최성호입니다.

Seul, três seis dois – dois dois um dois, sr. Sung Ho Choi.

서울, 뜨레스 세이스 도이스-도이스 도이스 웅 도이스, 시뇨르 성 호 초이.

저는 이상돈입니다.

Aqui fala Lee Sang Don.

아끼 팔라 이 상 돈.

기다리세요. 이제 말하세요.

Não desligue. Fale, por favor.

나웅 디스리기. 팔리, 뿌르 파보르.

고맙습니다.

Muito obrigado(a).

무이뚜 오브리가두(다).

잠깐 기다려요	espere um momento	이스뻬리 웅 모멘뚜
다이얼을 돌리다	discar	디스까르
전화를 끊다	desligar	디스리가르
취소하다	cancelar	깡셀라르
듣다	ouvir	오우비르

통화중입니다.

A linha está ocupada.

아 린냐 이스따 오꾸빠다.

전화를 취소해 주세요.

Cancele a chamada, por favor.

깡셀리 아 샤먀다, 뽀르 파보르.

통화료는 얼마입니까?

Qual é o preço da chamada?

꽐 에 우 쁘레쑤 다 샤먀다?

6레아이스 30 쎈따부 되겠습니다.

Será seis reais e trinta centavos.

세라 세이스 레아이스 이 뜨린따 센따부스.

신용카드로 내겠습니다.

Vou pagar com cartão de crédito.

보우 빠가르 꽁 까르따웅 디 끄레디뚜.

아무도 전화 안받음	não respondem	나웅 레스뽄젱
상대방 지불	chamada a cobrar	샤마다 아 꼬브라르
전화 번호부	lista de chamada	리스따 디 샤마다
메모	recado	레까두
남기다	deixar	데이샤르

여기는 125 호실 최 준호입니다.

Aqui fala Jun Ho Choi, número da sala 125.

아끼 팔라 준 호 초이, 누메루 다 살라 센뚜 이 빈띠 이 싱꾸.

한국으로 국제전화를 하고 싶은데요.

Quero uma ligação internacional para a Coréia.

께루 우마 리가싸웅 인떼르나시오날 빠라 아 꼬레이아.

상대방 지불로 해주세요.

Quero uma ligação a cobrar no destino.

께루 우마 리가싸웅 아 꼬브라르 누 데스띠누.

끊지말고 기다리세요.

Não desligue e espere, por favor.

나웅 디스리기 이 이스뻬리, 뽀르 파보르.

조금 뒤에 다시 거세요.

Pode voltar a chamar um pouco mais tarde.

뽀디 볼따르 아 샤마르 웅 뽀우꾸 마이스 따르디.

전화를 걸 때

말하다	falar	팔라르
~해도 좋아요?	posso?	뽀쑤?
나중에	mais tarde	마이스 따르디
~고 싶다	queria	께리아
통화중	ocupada	오꾸빠다

김선생 좀 부탁합니다.

Poderia falar com sr. Kim?

뽀데리아　팔라르　꽁　시뇨르 김?

죄송합니다. 안계십니다.

Sinto muito. Êle não está agora.

신뚜　무이뚜.　엘리　나웅　이스따　아고라.

메모를 남기시겠어요?

Quer deixar um recado?

께르　데이샤르　웅　레까두?

아니요, 나중에 전화하겠습니다.

Não, vou chamar mais tarde, obrigado(a).

나웅,　보우　샤마르　마이스　따르디,　오브리가두(다).

제게 전화하라고 전해 주세요.

Pode pedir-lhe para me telefonar.

뽀디　뻬디르-리　빠라　미　뗄리포나르.

잘 못걸린 번호	número errado	누메루 에하두
외출하셨습니다	não está	나옹 이스따
잠깐만요	um momento	웅 모멘뚜
통화료	preço	쁘레쑤
더 크게 말하세요	fale mais alto	팔리 마이스 알뚜

당신 성함과 전화번호를 주세요.

Pode dar-me seu nome e número.

뽀디　다르- 미　세우　노미　이　누메루.

김선생님과 통화하고 싶은데요.

Queria falar com o sr. Kim.

께리아　팔라르　꽁　우 시뇨르 김.

미스터 김이요? 몇번에 전화하셨죠?

Sr. Kim? Que número está chamando?

시뇨르 김?　끼　누메루　이스따　샤만두?

266-6532입니다.

Dois seis seis – seis cinco três dois.

도이스　세이스　세이스-세이스　싱꾸　뜨레스　도이스.

전화 잘 못 거셨습니다.

Engano.

잉가누.

편지를 부칠 때

브라질이나 포르투갈의 우체국
근무시간은 우리에 비해 매우 짧
다. 그래서 부지런해야 편지도 부
칠 수 있다는 말이 나온다.

편지를 부치려고 합니다. 가까운 우체국은 어디입니까?

Quero enviar uma carta. Onde fica o correio mais próxima?

께루 엔비아르 우마 까르따. 온디 피까 우 꼬헤이우 마이스 쁘로시마?

항공편으로 부탁합니다.

Por avião, por favor.

뽀르 아비아웅, 뽀르 파보로.

등기 우편으로 부탁합니다.

Carta registrada, por favor.

까르따 레지스뜨라다, 뽀르 파보르.

좋습니다. 우편료는 10 레아이스 15 센따부입니다.

Está bem. 10 reais e quinze centavos.

이스따 벵. 데즈 레아이스 이 낀지 센따부스.

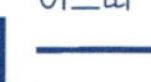

여기 있습니다. 고맙습니다.

Aqui está o dinheiro. Muito obrigado(a).

아끼 이스따 우 디녜이루. 무이뚜 오브리가두(다).

우표	selo	셀루
우편엽서	cartão postal	까르따웅 뽀스딸
편지	carta	까르따
전보	telegrama	뗄리그라마
소포	pacote	빠꼬띠

한국까지는 며칠 걸립니까?

Quanto tempo leva para a Coréia?

꽌 뚜　　떼뿌　　레바　빠라　아　꼬레이아?

얼마입니까?

Quanto devo pagar?

꽌 뚜　　데부　　빠가르?

기념 우표를 주십시오.

Dê-me alguns selos comemorativos.

데-미　　알궁스　　셀루스　　꼬메모라띠부스.

그럼요. 몇 장이나요?

Claro. Quantos?

끌라루.　　꽌 뚜스?

25쎈따부 짜리 10장이오.

Dez de vinte e cinco centavos.

데즈　디　빈띠　이　싱꾸　센따부스.

소포를 보낼 때

항공 운송의 경우 약간의 중량 초과로 많은 비용이 들 수 있다. 따라서 저울로 미리 무게를 달아본 다음 포장을 하는 것도 하나의 방법이다.

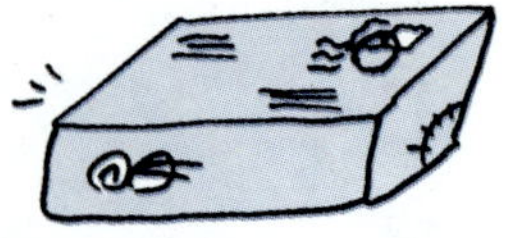

안녕하세요? 한국에 갈 소포가 하나 있는데요.

Olá? Tenho um pacote para Coréia.

올라? 뗑유 웅 빠꼬띠 빠라 꼬레이아.

내용물이 뭐예요?

Qual é o conteúdo?

꽐 에 우 꼰떼우두?

책과 잡지들입니다.

Livros e revistas.

리브루스 이 레비스따스.

네. 어떻게 보내시렵니까?

Está bem. Como quer mandá-los?

이스따 벵. 꼬무 께르 만다-로스?

속달편으로요.

Expresso.

에스쁘레쑤.

내용물	conteúdo	꼰떼우두
무게를 달다	pesar	뻬자르
송료	taxa	따샤
킬로 당	por quilo	뽀르 낄루
총, 모두	total	또딸

무게를 재 봅시다.

Vamos pesá-los.

바무스　뻬자- 로스.

자! 무게가 12 킬로그람 이네요.

Está bem. Pesa doze quilos.

이스따　벵.　뻬자　도지　낄루스.

그리고 송료가 킬로당 50 쎈따뿌입니다.

E a taxa é de 50 centavos por quilo.

이 아　따샤　에　디 싱꾸엔따　센따부스　뽀르　낄루.

좋습니다. 총 운송료가 얼마지요?

Está bem. Qual é a franquia total?

이스따　벵.　꽐　에 아　푸랑끼아　또딸?

6레아이스 되겠습니다.

Seis reais.

세이스　레아이스.

발송인	remetente	레메뗀띠
수취인	destinatário	데스띠나따리우
어떻게	como	꼬무
항공편	correio aéreo	꼬헤이우 아에리우
속달	expresso	에스쁘레쑤

이 소포 한국으로 부칠수 있을까요?

Posso mandar este pacote para Coréia?

뽀수 만다르 에스띠 빠꼬띠 빠라 꼬레이아?

글쎄요, 내용물이 뭔가요?

Bom. Qual é o conteúdo?

봉. 꽐 에 우 꽁떼우두?

목조각 하나입니다.

Uma escultura de madeira.

우마 이스꿀뚜라 디 마데이라.

부칠수 있습니다. 어떻게 부치시겠습니까?

Pode. Como quer mandá-la?

뽀디. 꼬무 께르 만다-라?

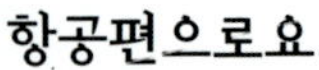

항공편으로요.

Por avião, por favor.

뽀르 아비아웅, 뽀르 파보르.

어려움에 처했을 때

- 주의사항 한마디
- 병이 나면
- 도난 및 교통사고

주의사항 한마디

　　리우와 사웅 빠울로는 위생 상태가 매우 좋은 현대적 도시들이다. 그러나 브라질의 농촌이나 오지를 여행할 계획이라면 황달병, 뎅그열, 말라리아 그리고 간염 등과 같은 질병에 대비 하기 바란다. 여행을 떠나기 전에 의사와 상의하여 특별한 예방 접종을 하여야 한다. 잠시 머무르는 경우는 크게 문제가 없겠지만 익숙치 않는 음식이나 햇빛에 과다 노출 되는 것은 심각한 결과를 초래할 수 있다. 과일은 필히 깍아 먹고 채소류는 익혀서 그리고 길거리의 음식은 청결상태를 살피고 먹도록 하여야 한다. 포르투갈의 경우는 영국과 같이 상호간에 보건 협약이 체결된 나라의 방문객을 위해서는 무료진료가 가능하다.

　　브라질과 포르투갈에서 약국은 찾기가 매우 쉽다. 또한 약국이 문을 닫았을 때는 그날 영업을 하는 다른 약국을 알려 주는 표시가 문에 붙어있다. 그리고 지역 신문에는 정상영업 시간 후에도 문을 여는 약국을 자세히 알려준다.

　　대부분의 약국들에서 처방 없이도 항생제를 포함한 다양한 약을 판매하고 있다. 브라질의 약국에서는 의약품 뿐만 아니라 화장품, 아기 이유식, 화장지등을 판매하는 반면에 포르투갈 에서는 의약품 만을 판매한다.

병이 나면

여행 중 발생할 수 있는 질병에 대
비해서 출발전 보험에 가입하는 것
이 좋다. 또한 체질에 맞는 상비약
을 준비해 가는 것이 바람직하다.

여보세요. 교환.

Alô. telefonista.

알로.　　　떼리포니스따.

의사를 불러주세요.

Pode chamar-me um médico?

뽀디　　샤마르- 미　　웅　　에디꾸?

여기는 1623호실입니다.

Aqui é número do quarto 1623.

아끼　 에　 누메루　　 두　꽈르뚜 밀 세이스쎈뚜스 이 빈띠 이 뜨레스.

얼마나 기다려야 합니까?

Quanto tempo tenho de esperar?

꽌뚜　　　 뗌뿌　　　 뗑유　 디　 이스뻬라르?

조금만 기다리세요.

Espere um momento, por favor.

이스뻬리　 웅　　 모멘뚜,　　 뽀르 파보르.

젖가슴	seio	세이우
가슴	peito	뻬이뚜
뼈	osso	오쑤
팔	braço	부라쑤
귀	orelha	오렐랴

제일 가까운 병원은 어디 입니까?

Onde fica o hospital mais próximo?

온디 피까 우 오스뻬딸 마이스 쁘로시무?

이 근처에 하나 있어요.

Há um perto daqui.

아 웅 뻬르뚜 다끼.

병원까지 저를 좀 데려다 주세요.

Leve-me até lá.

레비-미 아떼 라.

한국말을 하는 의사 있습니까?

Há um médico que fale coreano?

아 웅 메디꾸 끼 팔리 꼬레아누?

네. 잠시만요.

Está bem. Um momento, por favor.

이스따 벵. 웅 모멘뚜, 뽀르 파보르.

눈	olho	올유
얼굴	rosto	로스뚜
손가락	dedo	데두
발	pé	뻬
손	mão	마웅

어디가 아픕니까?

Onde lhe dói?

온디 리 도이?

머리가 아파요.

Tenho dor de cabeça.

뗑유 도르 디 까베싸.

열이 납니다.

Tenho febre.

뗑유 페브리.

위가 아픕니다.

Tenho dor de estômago.

뗑유 도르 디 이스또마구.

감기에요.

Tenho resfriado.

뗑유 레스프리아두.

머리	cabeça	까베싸
심장	coração	꼬라싸웅
무릎	joelho	죠엘류
다리	perna	뻬르나
입술	lábio	라비우

구토중이 납니다.

Tenho náuseas.

뗑유　　나우지아스.

아주 어지러워요.

Sinto tontura.

신뚜　　뜬뚜라.

한기가 납니다.

Sinto frio(a).

신뚜　프리우(아).

설사가 납니다.

Tenho diarréia.

뗑유　　디아헤이아.

여기가 아픕니다.

Dói-me aqui.

도이- 미　　아끼.

식욕	apetite	아뻬띠띠
잠자다	dormir	도르미르
숨쉬다	respirar	레스삐라르
검진하다	consultar	꽁술따르
토하다	vomitar	보미따르

식욕이 나지 않습니다.

Não tenho apetite.

나웅 · 뗑유 · 아뻬띠띠.

잠을 잘 수 없습니다.

Não posso dormir.

나웅 · 뽀쑤 · 도르미르.

숨을 쉬기가 힘듭니다.

Tenho dificuldades para respirar.

뗑유 · 디피꿀다디스 · 빠라 · 레스삐라르.

목이 뻣뻣합니다.

Tenho um torcicolo.

뗑유 · 웅 · 또르시꼴루.

자, 검진해 봅시다.

Está bem. Vou examiná-lo.

이스따 · 벵. · 보우 · 이사미나- 로.

약국	farmácia	파르마시아
식사	refeição	레페이싸웅
처방	receita	레세이따
알약	comprimido	꼼뿌리미두
구급약	remédio	레메디우

제일 가까운 약국이 어디 입니까?

Onde fica a farmácia mais próxima?

온디 피까 아 파르마시아 마이스 쁘로시마?

호텔에 하나 있습니다.

Há uma no hotel.

아 우마 누 오뗄.

여기 의사 처방이 있습니다.

Tenho aqui uma receita.

뗑유 아끼 우마 레세이따.

이 약은 어떻게 먹습니까?

Como tomo este remédio?

꼬무 또무 에스띠 레메디우?

식후 하루에 3번.

3 vezes após refeições.

뜨레스 베제스 아뽀스 레페이쏭이스.

의사	médico	메디꾸
진단서	diagnóstico	디아그노스띠꾸
서류(양식)	forma	포르마
내일	amanhã	아마냥
기입하다	preencher	쁘리엥쉐르

의사 진단서가 필요한데요.

Pode dar-me o diagnóstico do médico?

뽀디　　다르- 미　우　　디아그노스띠꾸　　두　　메디꾸?

네, 그러나 이것부터 먼저 하세요.

Sim, mas faça isto primeiro.

싱,　　마스　　파싸　이스뚜　쁘리메이루.

이 서류를 기입해 주세요.

Preencha este formulário, por favor.

쁘리엥샤　　에스띠　　포르물라리우,　　뽀르　　파보르.

이제 좀 좋아졌습니다.

Sinto-me bem agora.

신뚜-미　　　벵　　아고라.

좋아요. 내일 한번 더 오시오.

Está bem. Volte mais uma vez, amanhã.

이스따　벵.　　볼띠　마이스　우마　베스,　아마냥.

더 나은	melhor	멜료르
기침하다	tossir	또씨르
감기	gripe	그리뻬
숨 쉬다	respirar	레스삐라르
쉬다	descansar	디스깐사르

더 나아지지가 않습니다.

Não me sinto melhor.

나웅 미 신뚜 멜료르.

이런 증세가 처음입니까?

É a primeira vez que sente isso?

에 아 쁘리메이라 베즈 끼 센띠 이쑤?

저기 누우세요.

Deite-se ali, se faz favor.

데이띠- 시 알리, 시 파즈 파보르.

숨을 길게 쉬세요.

Respire fundo.

레스삐리 푼두.

며칠 누워 계세요.

Deve ficar na cama durante uns dias.

데비 피까르 나 까마 두란띠 웅스 디아스.

도난 등의 트러블

브라질의 대도시에서는 으슥한 골목
이나 인적이 드문 거리를 되도록 피
하는 것이 좋고 혼자 다니는 것도
삼가 하여야 한다.

도와줘요!

Socorro!

소꼬후!

소매치기다!

Batedor de carteiras!

바떼도르   디   까르떼이라스!

저 사람을 붙잡아요.

Prenda aquele homem.

쁘렌다   아껠리   오멩.

잠시만요. 경찰을 부를께요.

Um momento. Vou chamar a polícia.

웅   모멘뚜.   보우   샤마르   아   뽈리시아.

소용 없어요. 벌써 달아 났습니다.

Inútil. Já fugiu.

인우띨.   쟈   푸지우.

대사관	embaixada	잉바이샤다
영사관	consulado	꽁술라두
긴급사태	emergência	이메르젠시아
순찰차	carro de polícia	까후 디 뽈리시아
구급차	ambulância	앙불란시아

경찰관을 불러 주시오.

Chame a polícia.

샤미　아　뽈리시아.

내 지갑이 어디로 사라졌습니다!

Minha bolsa desapareceu! / Perdi minha bolsa! / Roubaram-me a bolsa!

민냐 볼사 디사빠레세우! / 뻬르디 민냐 볼사! / 로우바랑- 미 아 볼사!

한국 대사관에 전화를 걸어주시오.

Telefone à Embaixada da Coréia.

뗄리포니　아　잉바이샤다　다　꼬레이아.

여권을 분실했습니다.

Perdi meu passaporte.

뻬르디　메우　빠싸뽀르띠.

그리고 신용카드도 모두.

E todos os meus cartões de crédito.

이 또두스 우스 메우스 까르뚱이스 디 꼬레디뚜.

들어오다	entrar	인뜨라르
잃다	perder	뻬르데르
현금	nota	노따
누군가	alguém	알겜
신용카드	cartão de crédito	까르따웅 디 끄레디뚜

어제 저녁 제 방에 누군가 들어왔습니다.

Alguém entrou na minha sala ontem à noite.

알겜　인뜨로우　나　민냐　살라　온뗑　아　노이띠.

안됐군요. 잃으신 물건은 무엇입니까?

Que pena! O que você perdeu?

끼　뻬나!　우　끼　보세　뻬르데우?

신용카드 세 개, 운전면허증, 여행자 수표 그리고 약간의 현금이요.

Três cartões de crédito, carta de condução, cheques de viagem e algumas notas.

뜨레스 까르똥이스 디 끄레디뚜, 까르따 디 꼰두싸웅, 쉐끼스 디 비아젱 이 알구마스 노따스.

아이구! 상당한 손실이군요. 곧 가겠으니 기다리세요.

Oh meu Deus! Perdeu muito. Volto já. Espere, por favor.

오 메우 데우스! 뻬르데우 무이뚜. 볼뚜 쟈. 이스뻬리, 뽀르 파보르.

기다리지요. 고맙습니다.

Vou esperá-lo. Obrigado(a).

보우　이스뻬라- 루.　오브리가두(다).

사고	acidente	아시뗀띠
부르다	chamar	샤마르
범인	criminoso	끄리미노주
부상자	ferido	페리두
지갑	bolsa	볼사

자동차 사고가 났어요.

Houve um acidente.

오우비　　웅　　아시뗀띠.

전화가 어디 있습니까?

Onde há um telefone?

온디　　아　웅　뗄리포니?

다친 사람 있습니까?

Há feridos?

아　페리두스?

예. 누군가 다쳤어요.

Sim. Alguém se feriu.

싱.　　알겡　시　페리우.

앰블런스를 불러야해요.

Precisa chamar uma ambulância.

쁘레시자　샤마르　우마　앙불란시아.

주소	endereço	인데레쑤
받다	bater	바떼르
잘못	erro	에후
응급실	pronto-socorro	쁘론뚜- 소꼬후
이름	nome	노미

성함과 주소를 가르쳐 주시겠습니까?

Pode falar-me seu nome e endereço?

뽀디　팔라르- 미　세우　노미　이　인데레쑤?

그가 내 차를 받았어요.

Êle bateu meu carro.

엘리　바떼우　메우　까후.

그 사람 잘못이예요.

O erro foi dele.

우　에후　포이　델리.

어느 보험회사에 가입했죠?

Qual é a sua companhia de seguro?

꽐　에 아 수아　꽁빠니아　디　세구루?

구급차 좀 보내 주시겠어요?

Pode mandar-me uma ambulância, por favor?

뽀디　만다르- 미　우마　암불란시아,　뽀르　파보르?

가버리다	ir-se embora	이르 시 잉보라
카메라	máquina fotográfica	마끼나 포또그라피까
불이야!	fogo!	포구!
서라!	alto!	알뚜!
확실한	certo	세르뚜

이러면 경찰을 부르겠소. (끈질긴 상대에게)

Vou chamar a polícia.

보우 샤마르 아 뽈리시아.

저리 가버리는게 좋을거요.

Será melhor ir embora.

쎄라 멜료르 이르 잉보라.

여기서 카메라를 보지 않았어요?

Não viu a máquina fotográfica aqui?

나웅 비우 아 마끼나 포또그라피까 아끼?

확실합니까?

Tem certeza?

뗑 세르떼자?

끼어들지 마세요.

Não entre na linha.

나웅 엔뜨리 나 린냐.

도난	roubo	로우부
여기로부터	daqui	다끼
도둑	ladrão	라드라웅
훔치다	roubar	로우바르
범죄	crime	끄리미

분실물 신고소가 어디죠?

Onde é a secção dos perdidos e achados?

온디 에아 세싸웅 두스 뻬르디두스 이 아샤두스?

도난 신고를 하고 싶습니다.

Quero dar parte de um roubo.

께루 다르 빠르띠 디 웅 로우부.

경찰서는 어디 있나요?

Onde é a delegacia?

온디 에아 델리가시아?

여기서 멀리 떨어진 곳에 있습니다.

É muito longe daqui.

에 무이뚜 롱지 다끼.

그러면 경찰을 불러 주세요.

Então, chame a polícia, por favor.

인따웅, 샤미 아 뽈리시아, 뽀르 파보르.

부록

- 기본단어
- 포르투갈어 기본문법
- 비상시
- 관광용어

기본단어

〈숫자〉

1	um	웅
2	dois	도이스
3	tres	뜨레스
4	guatro	꽈뜨루
5	cinco	싱꾸
6	seis	세이스
7	sete	세띠
8	oito	오이뚜
9	nove	노비
10	dez	데스
11	onze	온지
12	doze	도지
13	treze	뜨레지
14	quatorze	꽈또르지
15	quinze	낀지
16	dezesseis	데제세이스
17	dezemete	데제세띠
18	dezoito	데죠이뚜
19	dezenove	데제노비
20	vinte	빈띠
21	vinte e um	빈띠 이 웅
22	vinte e dois	빈띠 이 도이스

23	vinte e três	빈띠 이 뜨레스
30	trinta	뜨린따
40	quarenta	꽈렌따
50	cinquenta	싱꿴따
60	sessenta	세쎈따
70	setenta	세뗀따
80	oitenta	오이뗀따
90	noventa	노벤따
100	cem	셍
101	cento e um	센뚜 이 웅
111	cento e onze	센뚜 이 온지
120	cento e vinte	센뚜 이 빈띠
200	duzentos	두젠뚜스
1000	mil	밀
1 만	dez mil	데스 밀
10 만	cem mil	셍 밀
100 만	um milhão	웅 밀랴웅
1000 만	dez milhões	데스 밀룡이즈
1 억	cem milhões	셍 밀룡이즈
10 억	bilhão	빌랴웅

〈서수〉

첫째	primeiro(a)	쁘리메이루(라)
둘째	segundo(a)	세군두(다)
셋째	terceiro(a)	떼르세이루(라)
넷째	quarto(a)	꽈르뚜(따)

다섯째	quinto(a)	낀뚜(따)
여섯째	sexto(a)	세스뚜(따)
일곱째	sétimo(a)	세띠무(마)
여덟째	oitavo(a)	오이따부(바)
아홉째	nono(a)	노누(나)
열째	décimo	데시무
열한째	décimo primeiro	데시무 쁘리메이루
열두째	décimo segundo	데시무 세군두
열다섯째	décimo quinto	데시무 낀뚜
열여덟째	décimo oitavo	데시무 오이따부
열아홉째	décimo nono	데시무 노누
스물째	vigésimo	비제시무
스물두째	vigésimo segundo	비제시무 세군두
서른째	trigésimo	뜨리제시무
마흔째	quadragésimo	과드라제시무
쉰째	quinquagésimo	낀꽈제시무
예순째	sexagésimo	섹사제시무
일흔째	septuagésimo	셉뚜아제시무
여든째	octogésimo	옥또제시무
아흔째	nonagésimo	노나제시무
백째	centésimo	센떼시무

〈분수 · 소수〉

1/2	meio	메이우
1/3	um terço	웅 떼르쑤
2/3	dois terços	도이스 떼르쑤스

1/4	um quarto	웅 꽈르뚜
1/10	um décimo	웅 데시무
0,1	zero vírgula um	제루 비르굴라 웅
1,8	um vírgula oito	웅 비르굴라 오이뚜
10%	dez por cento	데즈 뽀르 센뚜

〈12개월 및 요일〉

1월	Janeiro	쟈네이루
2월	Fevereiro	페베레이루
3월	Março	마르쑤
4월	Abril	아브릴
5월	Maio	마이우
6월	Junho	준뉴
7월	Julho	쥴류
8월	Agosto	아고스뚜
9월	Setembro	세뗌브루
10월	Outubro	오우뚜브루
11월	Novembro	노벵브루
12월	Dezembro	디젱브루
월요일	segunde-feira	세군다-페이라
화요일	terça-feira	떼르사-페이라
수요일	quarta-feira	꽈르따-페이라
목요일	quinta-feira	낀따-페이라
금요일	sexta-feira	세스따-페이라
토요일	sábado	사바두
일요일	domingo	도밍구

금주	esta semana	에스따 세마나
지난주	semana passada	세마나 빠싸다
내주	próxima semana	쁘로시마 세마나

〈시간 · 날〉

1시간	uma hora	우마 오라
2시간	duas horas	두아스 오라스
반시간	meia hora	메이아 오라
30분	trinta minutos	뜨린따 미누뚜스
5분	cinco minutos	싱꾸 미누뚜스
10초	dez segundos	데즈 세군두스
오늘	hoje	오지
어제	ontem	온뗑
내일	amanhã	아마냥
그저께	anteontem	안띠온뗑
모래	depois de amanhã	디뽀이스 디 아마냥
아침	manhã	마냥
오늘 아침	esta manhã	에스따 마냥
오전에	de manhã	디 마냥
오후	tarde	따르디
오후에	de tarde(à tarde)	디 따르디(아 따르디)
저녁	noite	노이띠
저녁에	de noite	디 노이띠
어제 저녁	ontem à noite	온뗑 아 노이띠
한밤중	meia-noite	메이아 노이띠
지금	agora	아고라

| 아까 | pouco antes | 뽀우꾸 안띠스 |
| 후에 | depois | 디뽀이스 |

〈가족 · 친지〉

어머니	mãe	망이
아버지	pai	빠이
부모	pais	빠이스
형제	irmão	이르마웅
형	irmão mais velho	이르마웅 마이스 벨류
동생	irmão mais jovem	이르마웅 마이스 죠벵
자매	irmã	이르멍
누나	irmã mais velha	이르멍 마이스 벨랴
남편	marido	마리두
아내	esposa	이스뽀자
아저씨	tio	띠우
아주머니/이모	tia	띠아
아들	filho	필류
딸	filha	필랴
조부	avô	아보오
조모	avó	아보
손자	neto	네뚜
손녀	neta	네따
사촌	primo(a)	쁘리무(마)

〈직업〉

| 학생 | estudante | 이스뚜단띠 |

회사원	empregado	잉쁘레가두
주부	dona de casa	도나 디 까자
공무원	funcionário público	풍시오나리우 뿌블리꾸
기사	engenheiro	인제네이루
교사	professor(a)	쁘로페쏘르(라)
상인	mercador	메르까도르
사무원	caixeiro	까이쉐이루
사장	presidente	쁘레지덴띠
농부	lavrador	라브라도르

〈나라 · 국민 · 국어〉

한국	Coréia	꼬레이아
한국인(어)	coreano	꼬레아누
미국	os Estados Unidos	우즈 이스따두스 우니두스
미국인	americano	아메리까누
카나다	Canada	까나다
카나다인	canadiano	까나디아노
멕시코	México	멕시코
멕시코인	mexicano	멕시까누
독일	Alemanha	알레만냐
독일인	alemão	알레마웅
프랑스	França	프랑싸
프랑스어(인)	francês	프랑세스
영국	Inglaterra	잉글라떼하
영국인(어)	inglês	잉글레스
스페인	Espanha	이스빠냐
스페인인	espanhol	이스빠뇰

이탈리아	Italia	이딸리아
이탈리아인(어)	italiano	이딸리아노
브라질	Brasil	브라질
브라질인	brasileiro	브라질에이루
포르투갈	Portugal	뽀르뚜갈
포르투갈인	português	뽀르뚜게스

〈브라질과 포르투갈의 공휴일〉

Janeiro 1	신년
	Ano Novo 아누 노부
Abril 21	브라질 국경일
	Tiradentes 띠라덴띠스
Abril 25	포르투갈 혁명기념일
	Dia de Portugal 디아 디 뽀르뚜갈
Maio 1	노동절
	Dia do Trabalho 디아 두 뜨라발류
Junho 10	포르투갈 국경일
	Dia de Camões 디아 디 까몽이스
Agosto 15	성모 몽소 승천일
	Assunção 아쑨싸웅
Setembro 7	브라질 독립
	Independência 인디뺀덴시아
Outubro 5	포르투갈 공화정
	Dia da República 디아 다 레뿌블리까
Outubro 12	브라질 종교축일
	Nossa Senhora 노싸 시뇨라
	de Aparecida 디 아빠레시다

Novembro 1   포르투갈 종교축일

Todos os Santos 또두스 우스 상뚜스

Novembro 2   브라질 성묘의 날

Finados 피나두스

Novembro 15 브라질 공화정 선포

Proclamação da 쁘로끌라마싸웅 다

República 레뿌블리까

Dezembro 1   포르투갈왕정복고일

Restauração 레스따우라싸웅

Dezembro 8   카톨릭축일

Imaculada Conceição 이마꿀라다 끈세이싸웅

Dezembro 25 크리스마스

Natal 나딸

변하는 공휴일 오순절의 화요일

Terça-feira de Carnaval

떼르사-페이라 디 까르나발

성금요일

Sexta-feira Santa 세스따-페이라 산따

예수 성체일

Corpo de Deus 꼬르뿌 디 데우스

〈중요한 기원문귀들〉

즐거운 크리스마스가 되기를! Feliz Natal! 펠리스 나딸!

행복한 새해를! Próspero Ano Novo!

쁘로스뻬루 아누 노부!

행복한 부활절을! Feliz páscoa! 펠리스 빠스꼬아!

해피 버스데이! Feliz aniversário!

펠리스 아니베르사리우!

소원 성취하시기를!	Felicidades!	펠리시다디스!
축하합니다!	Parabéns!	빠라벵스!
행운을!	Boa sorte!	보아 소르띠!
즐거운 여행되시기를!	Boa viagem!	보아 비아젱!
즐거운 휴일을!	Boas férias!	보아스 페리아스!
~에게 안부를 전합니다	Cumprimentos a-	

꿍쁘리멘뚜스 아-

〈주요한 표시들〉

열림	Aberto	아베르뚜
세관	Alfândega	알판데가
세냄	Aluga-se	알루가-시
주의	Atenção	아뗀싸웅
고장	Avariado	아바리아두
통고	Aviso	아비주
출납계	Caixa	까이샤
신사	Cavalheiros	까발레이루스
사람있음(화장실등)	Completo	꽁쁠레뚜
우체국	Correio	꼬헤이우
개 주의	Cuidado com o cão	

꾸이다두 꽁 우 까웅

| 방해하지 마시요 | É favor não incomodar | |

에 파보르 나웅 잉꼬모다르

| 만지지 마시요 | É favor não mexer | |

에 파보르 나웅 메쉐르

엘리베이터	Elevador	엘리바도르
미세요	Empurre	잉뿌헤
닫힘	Encerrado	인세하두

입구	Entrada	인뜨라다
들어오시오	Entre	엔뜨리
기다리시오	Espere	이스뻬리
닫힘	Fechado	페샤두
냉방	Frio	프리우
흡연허용	Fumantes	푸만띠스
남자	Homens	오멩스
안내	Informações	잉포르마쏭이스
경매	Leilão	레이라웅
비었음	Livre	리브리
매진	Lotação esgotada	로따싸웅 이스고따다
사람있음	Ocupado	오꾸빠두
위험	Perigo	뻬리구
칠주의	Pintado de fresco	삔따두 디 프레스꾸
사유	Privado	쁘리바두
금지	Proibido	쁘로이비두
개는 동반금지	Proibido a cães	쁘로이비두 아 깡이스
흡연금지	Proibido fumar	쁘로이비두 푸마르
당기시오	Puxe	뿌쉬
뜨거움	Quente	껜띠
예약됨	Reservado	레세르바두
출구	Saída	사이다
비상구	Saída de emergência	사이다 디 이메르젠시아
세일	Saldos	살두스
여성	Senhoras	시뇨라스
벨을 누르세요	Toque à campainha	또끼 아 깡빠인냐
팝니다	Vende-se	벤디-시
독성	Veneno	비네누

포르투갈어 기본문법

a) 관사

관사는 명사의 성과 수에 일치한다.

정관사의 형태:

	남 성	여 성
단 수	o	a
복 수	os	as

부정관사의 형태:

	남 성	여 성
단 수	um	uma
복 수	uns	umas

b) 명사

포르투갈어의 모든 명사는 남성 또는 여성의 성을 갖는다. 남성 명사는 대부분 어미가 o이고 여성명사는 a로 끝나는 것이 많다. 그리고 복수형은 s를 첨가한다.

a menina 작은 소녀   as meninas 작은 소녀들
o pato 오리   os patos 오리들

형용사는 수식하는 명사의 성과 수에 일치한다. 그리고 대부분의 서술형용사는 명사의 뒤에 온다.

os homens altos	키큰 남자들
as mulheres altas	키큰 여자들

〈형용사의 다양한 형태〉

1) 지시형용사

영 어	남 성	여 성
this	este	esta
that	aquele	aquela
these	estes	estas
those	aqueles	aquelas

2) 소유형용사

영 어	남 성	여 성
my	meu	minha
your	teu	tua
his/her/its	seu	sua
our	nosso	nossa
your	vosso	vossa
their	seu	sua

3) 인칭대명사

영 어	주어	직접목적	간접목적
I	eu	me	mim
you	tu	te	ti
he/it	êle	o	lhe
she/it	ela	a	lhe
we	nós	nos	nos
you	vós	vos	vos
they (남성)	eles	os	lhes
they (여성)	elas	as	lhes

➡ 당신이라는 의미의 **tu**는 친지나 손아래 사람에게 쓰이며 친근감을 나타낸다. 포루투갈에서는 **tu**가 많이 사용된다. 그러나 브라질에서는 잘모르는 사람이나 손위 사람에게 **tu** 대신에 **você**를 사용한다.

4) 동사

① 포르투갈어에는 4개의 조동사가 있다.

　　ter/haver　　　　to have
　　ser/estar　　　　to be

　▶ ter는 소유나 어떤 상태를 나타낸다.
　　예) Tenho uma casa. 나는 집을 한 채 지녔다.
　　　　Tenho fome. 나는 배가 고프다.

　▶ haver는 3인칭 단수 há가 "존재하다"라는 의미를 지닌다.
　　예) Há muitas pessoas aqui.
　　　　여기 많은 사람들이 있다.

▶ ser는 항구적인 상태를 의미하며 영어의 be동사에 해당한다.

예) Sou inglês. 나는 영국인입니다.

▶ estar는 가변적 상태나 움직임을 나타내며 역시 영어의 be동사에 해당한다.

예) Está doente. 그는 아프다.

② 대부분의 동사들은 어미가 -ar,-er,-ir로 끝난다. 이와같은 동사들의 어미 변화는 다음과 같은 규칙변화를 한다.

	falar(말하다)	viver(살다)	partir(떠나다)
eu	falo	vivo	parto
tu	falas	vives	partes
êle/ela	fala	vive	parte
nós	falamos	vivemos	partimos
vós	falais	viveis	partis
eles/elas	falam	vivcm	partem

▶ 그러나 모든 동사가 규칙변화를 하는 것은 아니다. 여기에 가장 많이 사용되는 불규칙 변화 동사의 예를 들겠다.

	poder (할수 있다)	dizer (말하다)	ir (가다)	pedir (요청하다)
eu	posso	digo	vou	peço
tu	podes	dizes	vais	pedes
ê/ela	pode	diz	vai	pede
nós	podemos	dizemos	vamos	pedimos
vós	podeis	dizeis	ides	pedis
eles/elas	podem	dizem	vão	pedem

▶ 부정형 문장을 만들려면 동사의 앞에 **não**을 놓는다.
  예) Falo português. 나는 포르투갈어를 말합니다.
     Não falo português. 나는 포르투갈어를 못합니다.

▶ ter, estar, ser 동사는 가장 많이 사용되는 동사들로서
  불규칙 변화를 하기 때문에 필히 암기해 두어야 한다.

	ter	ser	estar
eu	tenho	sou	estou
tu	tens	és	estás
êle/ela	tem	é	está
nós	temos	somos	estamos
vós	tendes	sois	estais
eles/elas	têm	são	estão

비상시

경찰을 불러줘요	Chame a polícia	샤미 아 뽈리시아
영사관	Consulado	꽁술라두
위험	Perigo	뻬리구
대사관	Embaixada	잉바이샤다
불	Fogo	포구
가스	Gás	가스
의사를 불러줘요	Chame um médico	샤미 웅 메디꾸
도와줘요	Socorro	소꼬후
몸이 아파요	Estou doente	이스또우 도엔띠
길을 잃었어요	Perdi-me	뻬르디-미
혼자 있게 해줘요	Deixe-me em paz	데이쉬-미 잉 빠스
조심해요	Atenção	아뗀싸웅
경찰	Polícia	뽈리시아
빨리	Depressa	디쁘레싸
서라!	Alto	알뚜
저놈 잡아라	Prenda aquele homem	쁘렌다 아껠리 오멩
도둑 잡아라	Agarra que é ladrão	아가하 끼 에 라드라웅

관광용어

(ㄱ)

가게	loja 로쟈
가격	preço 쁘레쑤
가구	mobília 모빌리아
가까이에	perto 뻬르뚜
가다	ir 이르
가로숫길	avenida 아베니다
가방	mala 말라
가이드	guiador 기아도르
가져오다	trazer 뜨라제르
가족	família 파밀리아
간장	molho oriental 몰류 오리엔딸
간호사	infermeira 잉페르메이라
갈아타다	transferir 뜨랑스페리르
감기	resfriado 레스프리아두
감사하다	agradecer 아그라데세르
감정(느낌)	sentimento 센띠멘뚜
값을 깍다	descontar 디스꼰따르
개인의	pessoal 뻬쏘알
객실	sala 살라
거리	rua 루아
거래	negócio 네고시우
거스름돈	troco 뜨로꾸

거울	espelho 이스삘류
거실	sala de estar 살라 디 이스따르
건강	saúde 사우디
건물	edifício 이디피시우
건전지	pilha 삘랴
건널목	cruzamento 끄루자멘뚜
검사	inspeção 인스삐싸웅
검은	preto 쁘레뚜
겨울	inverno 잉베르누
겨자	mostarda 모스따르다
결혼하다	casar 까자르
경음악	música leve 무지까 레비
경찰	polícia 뽈리시아
경찰서	delegacia 델리가시아
계란	ôvo 오부
계산하다	contar 꼰따르
고기국	caldo 깔두
(물)고기	peixe 뻬이쉬
공부	estudo 이스뚜두
고기 튀김	peixe frito 뻬이쉬 프리뚜
고전 음악	música clássica 무지까 끌라시까
공기	ar 아르
공식 방문	visita oficial 비지따 오피시알
공원	parque 빠르끼
공장	fábrica 파브리까
공중전화	telefone público 뗄리포니 뿌블리꾸

공항	aeroporto 아에로뽀르뚜
과	departamento 디빠르따멘뚜
과일	fruta 프루따
과학	ciência 시엔시아
관객	espectador 이스빽따도르
관광	turismo 뚜리스무
관광객	turista 뚜리스따
광장	praça 쁘라싸
광경	espetáculo 이스페따꿀루
교수	professor(a) 쁘로뻬쏘르(라)
교외	subúrbio 수부르비우
교통	tráfico 뜨라피꾸
교향악단	orquestra sinfónica 오르끼스뜨라 싱포니까
교환원	telefonista 뗄리포니스따
구 (球)	globe 글로비
구두	sapato 사빠뚜
구역질	náusea 나우지아
국가	nação 나싸웅
국수	macarrão 마까하웅
국적	nacionalidade 나시오날리다디
국제전화	chamada internacional 샤마다 인떼르나시오날
국화	crisântemo 끄리상떼무
군대	exército 이세르시뚜
귀금속	pedra preciosa 뻬드라 쁘레시오사
그(남자)	êle 엘리

그녀	ela 엘라
그들	eles 엘리스
그러나	mas 마스
그리운	querido 께리두
그림	pintura 삔뚜라
극장	teatro 띠아뜨루
근무하다	trabalhar 뜨라발랴르
귀리	aveia 아베이아
귀여운	amável 아마벨
귀중품	artigos preciosos 아르띠구스 쁘레시오주스
귀화	naturalização 나뚜랄리자싸웅
근육	músculo 무스꿀루
금년	este ano 에스띠 아누
급행	expresso 에스쁘레쑤
기입하다	registrar 레지스뜨라르
기차	trem 뜨렝
긴	comprido 꽁뿌리두
길	caminho 까민뉴
길을 잃다	perder-se 뻬르데르-시
깊은	profundo 쁘로푼두
꽃병	vaso 바주
끝내다	terminar 떼르미나르

(ㄴ)

나	eu 에우
나의	meu(minha) 메우(민냐)
나이프	faca 파까
낚시질	pesca 뻬스까
날, 낮	dia 디아
날씨	tempo 뗑뿌
남쪽	sul 술
남자	homem 오멩
내과	médico interno 메디꾸 인떼르누
내내	sempre 셍쁘리
내일	amanhã 아마냥
노래	canção 깐싸웅
노래하다	cantar 깐따르
높이	altura 알뚜라
누구	quem 껭
누구의	cujo(a) 꾸쥬(쟈)
누이	irmã 이르멍
눈	olho 올류
느끼다	sentir 센띠르
늦은	atrasado(a) 아뜨라자두(다)

(ㄷ)

다니다	ir	이르
따다	picar	삐까르
다른	diferente	디페렌띠
다리 (足)	perna	뻬르나
다리 (橋)	ponte	뽄띠
따뜻한	quente	껜띠
다만	só	쏘
다섯	cinco	싱꾸
다시	novamente	노바멘띠
다음의	próximo	쁘로시무
다이얼	marcador	마르까도르
	disco	디스꾸
다이얼을 돌리다	marcar	마르까르
	discar	디스까르
다행히	felizmente	펠리즈멘띠
단체	grupo	그루뿌
닫다	fechar	페샤르
달러	dólar	돌라르
단번에	imediatamente	이메디아따멘띠
단(달콤한)	doce	도씨
담배피우다	fumar	푸마르
당분간	por pouco tempo	뽀르 뽀우꾸 뗌뿌
당신	você	보세
대답	resposta	레스뽀스따

대륙	continente 꼰띠넨띠
대리석	mármore 마르무리
대사	embaixador 잉바이샤도르
대용품	substituto 수브스띠뚜뚜
도서관	biblioteca 비블리오떼까
도움	ajuda 아쥬다
도착하다	chegar 쉐가르
돕다	ajudar 아쥬다르
동물원	jardim zoológico 쟈르딩 주올로지꾸
동족	leste 레스띠 este 에스띠
돼지	porco 뽀르꾸
돼지고기	carne de porco 까르니 디 뽀르꾸
두려워하다	temer 떼메르
두려움	temor 떼모르
듣다	ouvir 오우비르
등기우편	carta registrada 까르따 레지스뜨라다
디저트	sobremesa 소브리메자
딸	filha 필랴
뜨거운	quente 껜띠

(ㄹ)

램프	lâmpada 랑빠다
로비	vestíbulo 베스띠불루
레몬	limão 리마웅
레모네이드	limonada 리모나다

| 루비 | rubi 루비 |
| 레크레이션 | recreio 레끄레이우 |

(ㅁ)

마늘	alho 알류
마른	seco 세꾸
마사지	massagem 마싸젱
마음	coração 꼬라싸웅
마시다	beber 베베르
만족	satisfação 사띠스파싸웅
만찬	banquete 방께띠
말하다	falar 팔라르
만화	caricatura 까리까뚜라
맑은	claro 끌라루
망원경	binóculo 비노꿀루
매력있는	atrativo 아뜨라띠부
매운	picante 삐깐띠
매점	loja 로쟈
맥박	pulso 뿔수
맥주	cerveja 세르베쟈
머리	cabeça 까베싸
머리를 깍다	cortar cabelo 꼬르따르 까벨루
머리카락	cabelo 까벨루
먹다	comer 꼬메르
멀미	náusea 나우지아

멈추다	parar 빠라르
멋진	elegante 엘레간띠
	fino 피누
메뉴	cardápio 까르다삐우
메모	nota 노따
면도칼	lâmina 라미나
면세	isento de imposto 이젠뚜 디 잉뽀스뚜
면제품	tecidos de algodão 떼시두스 디 알고다웅
면허	licença 리셍싸
명소	local famoso 로깔 파모주
명함	cartão de visita 까르따웅 디 비지따
목소리	voz 보스
목요일	quinta-feira 낀따-페이라
목적	objetivo 오브제띠부
목욕	banho 방유
목욕하다	tomar o banho 또마르 우 방유
무거운	pesado 뻬자두
무서운	terrível 떼히벨
무엇	que 끼
무엇 때문에	porquê 뽀르께
문	porta 뽀르따
문화	cultura 꿀뚜라
물	água 아구아
물건	coisa 꼬이자
물고기	peixe 뻬이쉬
물론	claro 끌라루

미각	palato 빨라뚜
미술관	museu de arte 무세우 디 아르띠
미장원	cabeleireiro 까벨레이레이루
미친	louco 로우꾸
미혼남(여)	solteiro(a) 솔떼이루(라)

(ㅂ)

바	bar 바르
바꾸다	trocar 뜨로까르
바라다	desejar 데제쟈르
바쁜	ocupado 오꾸빠두
바지	calças 깔사스
박람회	exposição 에스뽀지싸웅
박물관	museu 무제우
박수치다	bater as palmas 바떼르 아스 빨마스
받다	receber 레세베르
발신인	remetente 레메뗀띠
방	sala 살라
방문하다	visitar 비지따르
배	barco 바르꾸
버섯	cogumelo 꼬구멜루
버스	ônibus 오니부스
버터	manteiga 만떼이가
버튼(단추)	botão 보따웅
번호	número 누메루

벌금	multa 물따
법	lei 레이
벗나무	cerejeira 세레세이라
베개	travesseiro 뜨라베쎄이루
벼	arroz 아호스
뼈	osso 오쑤
벽돌	tijolo 띠졸루
병(유리)	garrafa 가하파
병(질병)	doença 도엥싸
병원	hospital 오스삐딸
보석	jóia 죠이아
보석상	joalheiro 죠알레이루
보여주다	mostrar 모스뜨라르
보증	garantia 가란띠아
보증인	fiador 피아도르
복잡한	complicado 꽁쁠리까두
봉투	envelope 인벨로삐
부르다	chamar 샤마르
분 (分)	minuto 미누뚜
본적	residência permanente 레지덴시아 뻬르마넨띠
봄	primavera 쁘리마베라
부러운	invejável 잉베자벨
부엌	cozinha 꼬진냐
부인(아내)	esposa 이스뽀자
불면증	insônia 잉쏘니아

비	chuva 슈바
비누	soalho 소알류
분필	giz 지스
불붙다	pegar fogo 뻬가르 포구
비싼	caro(a) 까루(라)
불고기	carne assada 까르니 아싸다
비행기	avião 아비아웅
비행장	aeroporto 아에로뽀르뚜

(ㅅ)

사고	acidente 아시덴띠
사과	maçã 마썽
사람	humano 우마누
사랑스러운	amável 아마벨
사용하다	usar 우자르
사막	deserto 디제르뚜
사진	fotografia 포또그라피아
사진찍다	tirar uma fotografia 띠라르 우마 포또그라피아
사진필름	filme 필미
산	montanha 몽따냐
산부인과	ginecologia 지니꼴로지아
산책	passeio 빠쎄이우
살다	morar 모라르
상품	artigo 아르띠구

샐러드	salada 살라다
샘플	amostra 아모스뜨라
생일	aniversário 아니베르사리우
샤워	chuveiro 슈베이루
쌍둥이	gêmeos 제미우스
서류	papel 빠뼬
	documento 도꾸멘뚜
서명	assinatura 아씨나뚜라
서점	livraria 리브라리아
설명하다	explicar 에스쁘리까르
설사	diarréia 디아헤이아
설탕	açúcar 아쑤까르
섬	ilha 일랴
성 (城)	castelo 까스뗄루
성 (姓)	nome da família 노미 다 파밀리아
성공	sucesso 수세쑤
성냥	fósforo 포스포루
성당	igreja católica 이그레쟈 까똘리까
성악가	cantor(a) 깐또르(라)
성인	adulto 아둘뚜
세	aluguel 알루겔
세관	alfândega 알팡데가
세금	imposto 잉뽀스뚜
세내다	alugar 알루가르
세다	contar 꼰따르
세탁하다	lavar 라바르

세로	altura 알뚜라
세상	mundo 뭉두
셋	três 뜨레스
소금	sal 살
셔츠	camisa 까미자
소개	introdução 인뜨로두싸웅
소개하다	introduzir 인뜨로두지르
소시지	salsicha 살시샤
소원	desejo 데세쥬
소포	pacote 빠꼬띠
속눈썹	pestana 뻬스따나
속도	velocidade 벨로시다디
손목시계	relógio de pulso 렐로지우 디 뿔수
손수건	lenço 렝쑤
손톱	unha 운냐
쇠고기	carne de vaca 까르니 디 바까
수도	capital 까삐딸
수신인	destinatário 데스띠나따리우
수업	lição 리싸웅
수영	natação 나따싸웅
수영하다	nadar 나다르
수영장	piscina 삐씨나
수요일	quarta-feira 꽈르따-페이라
수입	importação 잉뽀르따싸웅
수표	cheque 쉐끼
수출	exportação 에스뽀르따싸웅

수화기	receptor 레셉또르
숫자	número 누메루
쉬다	descansar 디스까사르
스투디오	estúdio 이스뚜디우
스튜디어스	aeromoça 아에로모싸
스포츠	esporte 이스뽀르띠
스포츠맨	esportista 이스뽀르띠스따
스푼	colher 꼴레르
승객	passageiro 빠싸제이루
승무원	tripulante 뜨리뿔란띠
시 (時)	hora 오라
시 (市)	cidade 시다디
시간표	horário 오라리우
시계	relógio 렐로지우
시작되다	começar 꼬메싸르
시장	mercado 메르까두
시차	equação do tempo 이꾸아싸웅 두 뗑뿌
식당차	vagão-restaurante 바가웅-레스따우란띠
식품점	mercearia 메르시아리아
신문	jornal 죠르날
신발	sapato 사빠뚜
싸다(포장하다)	embrulhar 잉브룰랴르
씻다	lavar 라바르

(ㅇ)

아내	esposa 이스뽀자
아니요	não 나웅
아들	filho 필류
아빠	pai 빠이
아스팔트길	pavimento 빠비멘뚜
아스피린	aspirina 아스삐리나
아이들	criança 끄리앙싸
아이스크림	sorvete 소르베띠
아저씨	tio 띠우
아주머니	tia 띠아
아침	manhã 마냥
아파트	apartamento 아파르따멘뚜
아프다	doer 도에르
안경	óculos 오꿀루스
안녕	tchau! 차우!
안전	segurança 세구란싸
알다	saber 사베르
알코올 음료	bebida alcoólica 베비다 알꼬올리까
암거래	câmbio negro 깡비우 네그루
앵무새	papagaio 빠빠가이우
야채	legume 레구미
약	remédio 레메디우
약국	farmácia 파르마시아
양말	meia 메이아

양모	lã	렁
양복점	alfaiataria	알파이아따리아
어느	qual	꽐
어떠한 종류	que espécie	끼 이스뻬시에
어떻게	como	꼬무
어디로	onde	온디
어머니	mãe	망이
어서	por favor	뽀르 파보르
언어	língua	링구아
언제	quando	꽌두
언니	irmã mais velha	이르멍 마이스 벨라
얻다	ganhar	간냐르
얼굴	rosto	로스뚜
얼음	gelo	젤루
엘리베이터	elevador	엘레바도르
에스컬레이터	escada rolante	이스까다 롤란띠
여권	passaporte	빠싸뽀르띠
여기에	aqui	아끼
여보세요(전화로)	alô!	알로!
여행	viagem	비아젱
여행사	agência de turismo	아젠시아 디 뚜리스무
여행자	turista	뚜리스따
여행자 수표	cheque de viagem	쉐끼 디 비아젱
여행하다	viajar	비아쟈르
역	estação	이스따싸웅
역시	também	땅벵

연극	teatro 띠아뜨루
연령	idade 이다디
연어	salmão 살마웅
연주회	concerto 꽁세르뚜
열다	abrir 아브리르
열쇠	chave 샤비
연필	lápis 라삐스
열(10)	dez 데스
열병	febre 페브리
엽서	cartão postal 까르따웅 뽀스딸
영사	cônsul 꽁술
영수증	recibo 레시부
영화	cinema 시네마
예쁜	bonito(a) 보니뚜(따)
예술	arte 아르띠
예술가	artista 아르띠스따
예약하다	reservar 레세르바르
오늘	hoje 오지
오다	vir 비르
오렌지	laranja 라랑쟈
오렌지쥬스	suco de laranja 수꾸 디 라랑쟈
오른쪽	direita 디레이따
오월	maio 마이우
오이	pepino 뻬삐누
오줌	urina 우리나
오전	de manhã 디 마냥

오후	à tarde 아 따르디
옥수수	milho 밀류
온도	temperatura 뗌뻬라뚜라
왜	porquê 뽀르께
왜냐면	porque 뽀르끼
외국인	estrangeiro 이스뜨랑제이루
요금	preço 쁘레쑤
요리하다	cozinhar 꼬진냐르
요청하다	pedir 뻬디르
욕실	banho 방유
우리의	nosso(a) 노쑤(싸)
우유	leite 레이띠
우체국	correio 꼬헤이우
우체부	carteiro 까르떼이루
우표	selo 셀루
운동선수	atleta 아뜰레따
운전수	motorista 모또리스따
웃음	riso 리주
웃다	rir 리르
원하다	querer 께레르
월요일	segunda-feira 세군다-페이라
위하여	para 빠라
위장	estômago 이스또마구
위험	perigo 뻬리구
유리	vidro 비드루
유방	seio 세이우

유월	junho 쥰뉴
은행	banco 방꾸
음악	música 무지까
의사	médico 메디꾸
음식	comida 꼬미다
이것	este(a) 에스띠(따)
이름	nome 노미
이발사	barbeiro 바르베이루
이해하다	compreender 꽁쁘리엔데르
인기있는	popular 뽀뿔라르
인생	vida humana 비다 우마나
인사	cumprimentos 꿍뿌리멘뚜스
일	trabalho 뜨라발류
일기	diário 디아리우
일요일	domingo 도밍구
일하다	trabalhar 뜨라발라르
잃다	perder 뻬르데르
입구	entrada 인뜨라다

(ㅈ)

자다	dormir 도르미르
자동차	automóvel 아우또모벨
자매	irmãs 이르멍스
자연	natureza 나뚜레쟈
자유	liberdade 리베르다디

자유로운	livre 리브리
작년	ano passado 아누 빠싸두
간	copo 꼬뿌
짠	salgado 살가두
잔디	gramado 그라마두
잡다	apanhar 아빤냐르
잡지	revista 레비스따
재떨이	cinzeiro 신제이루
재미있는	interessante 인떼레싼띠
제배하다	cultivar 꿀띠바르
재판관	juiz 쥬이스
저울	balança 발란싸
저자	autor 아우또르
전기	eletricidade 일레뜨리시다디
전람회	exposição 에스뽀지싸웅
전문가	especialista 이스뻬시알리스따
전보	telegrama 뗄리그라마
전부	todo 또두
전염병	epidemia 에삐데미아
전쟁	guerra 게하
전차	bonde 본디
전화	telefone 뗄리포니
절	templo 뗑뿔루
젊은	jovem 죠벵
점령하다	ocupar 오꾸빠르
점심	almoço 알모쑤

접다	dobrar 도브라르
접시	prato 쁘라뚜
젓가락	pauzinhos 빠우진뉴스
정거장	estação 이스따싸웅
조용한	sossegado 소쎄가두
존경	respeito 레스뻬이뚜
종업원	empregado 잉쁘레가두
종이	papel 빠뻴
좋아하다	gostar 고스따르
좋은	bom(boa) 봉(보아)
죄	pecado 뻬까두
주머니	bolso 볼수
주일	semana 세마나
주소	endereço 인데레쑤
죽다	morrer 모헤르
준비하다	preparar 쁘리빠라르
중등학교	escola secundária 이스꼴라 세꾼다리아
즐거운	alegre 알레그리
증명서	certificado 세르띠피까두
증조부	bisavô 비사보오
증조모	bisavó 비사보
지갑	bolsa 볼사
지구	globo 글로부
지금	agora 아고라
지급	urgente 우르젠띠
지도	mapa 마빠

지불	pagamento 빠가멘뚜
지붕	teto 떼뚜
지역	área 아리아
지점	ramo 라무
지폐	nota 노따
지하철	metrô 메뜨로
직업	ocupação 오꾸빠싸웅
직위	posição 뽀지싸웅
진료소	clínica 끌리니까
질문	questão 께스따웅
질병	doença 도엥싸
짐	bagagem 바가젱
집	casa 까자
짧은	curto 꾸르뚜

(ㅊ)

차 (茶)	chá 샤
차 (車)	carro 까후
차거운	frio 프리우
차장	condutor 꼰두또르
차표	bilhete 빌례띠
착실한	leal 리알
착용하다	vestir 베스띠르
착한	bondoso 본도주
찬란한	brilhante 브릴랸띠

찬장	armário 아르마리우
참가하다	participar 빠르띠시빠르
참깨	sésamo 세자무
참기름	óleo de sésamo 올리우 디 세자무
참말로	realmente 레알멘띠
참사관	conselheiro 꼰셀레이루
창문	janela 쟈넬라
채소	verdura 베르두라
채식주의자	vegetariano 베제따리아누
책	livro 리브루
책방	livraria 리브라리아
책상	escrivaninha 이스끄리바닌냐
처녀	senhorita 시뇨리따
처방	receita médica 레세이따 메디까
처음에는	primeiro 쁘리메이루
천만에요	de nada 디 나다
천	mil 밀
천사	anjo 안쥬
천천히	lentamente 렌따멘띠
철도	estrada de ferro 이스뜨라다 디 페후
청하다	pedir 뻬디르
청년	jovem 죠벵
체류하다	permanecer 뻬르마네세르
체중	peso 뻬주
초	vela 벨라
초대하다	convidar 꽁비다르

초등학교	escola primária 이스꼴라 쁘리마리아
축구	futebol 푸띠볼
축하합니다	parabéns 빠라벵스
추기경	cardeal 까르니알
출구	saida 사이다
출발하다	partir 빠르띠르
출생지	lugar de nascimento 루가르 디 나시멘뚜
취미	passatempo 빠싸뗌뿌
층	andar 안다르
치수	medida 메디다
치이즈	queijo 께이쥬
친구	amigo(a) 아미구(가)
침대	cama 까마

(ㅋ)

코	nariz 나리스
콧수염	bigode 비고디
콩	feijão 페이쟈웅
큰	grande 그란디
크기	tamanho 따만뉴
키	altura 알뚜라
컵	copo 꼬뿌
킬로메터	quilômetro 낄로메뜨루

(ㅌ)

탁구	tenis de mesa 떼니스 디 메자
탁자	mesa 메자
타이르다	aconselhar 아꽁셀랴르
타올	toalha 또알랴
타자기	máquina de escrever 마끼나 디 이스끄레베르
탄생	nascimento 나시멘뚜
탐험가	explorador 에스쁠로라도르
태양	sol 솔
털(머리)	cabelos 까벨루스
토요일	sábado 사바두
통역	Interprete 인떼르쁘레띠
트럭	caminhão 까민냐웅
트렁크	mala 말라
토하다	vomitar 보미따르
톱	serra 세하
통	barril 바힐
통조림	comida em conserva 꼬미다 잉 꽁세르바
특급열차	trem expresso 뜨렝 에스쁘레수
티켓	bilhete 빌레띠
팀	equipa 이끼빠
팁	gorjeta 고르제따

(ㅍ)

파	cebolinha	세볼린냐
팔다	vender	벤데르
팔월	agosto	아고스뚜
파랑	azul	아줄
파업	greve	그레비
판매원	vendedor	벤데도르
편지	carta	까르따
평화	paz	빠스
포도	uva	우바
포도주	vinho	비뉴
포장도로	pavimento	빠비멘뚜
포장하다	embalar	잉발라르
포크	garfo	가르푸
포터	carregador	까헤가도르
폭발물	explosivo	에스쁠로시부
풀	piscina	삐씨나
프로그램	programa	쁘로그라마
플랫폼	plataforma	쁠라따포르마

(ㅎ)

하다	fazer	파제르
하루	um dia	웅 디아
한가한	livre	리브리

하숙	alojamento 알로쟈멘뚜
한국	Coréia 꼬레이아
한국의	coreano(a) 꼬레아누(나)
한국인	coreano(a) 꼬레아누(나)
하오	tarde 따르디
학교	escola 이스꼴라
한번	uma vez 우마 베스
할머니	avó 아보
할 수 있다	poder 뽀데르
할아버지	avô 아보오
항공우편	correio aéreo 꼬헤이우 아에리우
항문	anal 아날
항공사	linha aérea 린냐 아에리아
해야한다	dever 디베르
해수욕	banho do mar 방유 두 마르
해안	costa 꼬스따
행복한	feliz 펠리스
향수	perfume 뻬르푸미
현대적인	moderno 모데르누
현찰	dinheiro 디녜이루
혈압	pressão arterial 쁘레싸웅 아르떼리알
혈액형	tipo de sangue 띠뿌 디 상기
형	irmão mais velho 이르마웅 마이스 벨류
형수	cunhada 꾼냐다
홀아비	viúvo 비우부
홍수	cheia 쉐이아

화가	pintor 삔또르
화요일	terça-feira 떼르사-페이라
화장실	toalete 또알레띠
확인하다	verificar 베리피까르
환송	despedida 데스뻬디다
환영	boas vindas 보아스 빈다스
환자	paciente 빠시엔띠
환전	câmbio 깡비우
환전소	casa de câmbio 까자 디 깡비우
회사	companhia 꼼빠니아
황금	ouro 오우루
회의	conferência 꽁페렌시아
효과	efeito 이페이뚜
후추	pimenta 삐멘따
훈장	condecoração 꼰데꼬라싸웅
홀쭉한	magro(a) 마그루(라)
휘파람	assobio 아쏘비우
휴식	repouso 리뽀우주
흐린	nublado 누블라두
흙	solo 솔루
흡연하다	fumar 푸마르
흡족한	satisfeito 사띠스페이뚜
흥미	interesse 인떼레씨

최영수(崔榮秀)

1971년 한국외국어대학 포르투갈어과 졸업.
1975년 한국외국어대학 대학원 중남미지역 연구학과 석사(문화).
1980년 포르투갈 국립 리스본대학 문과대 과정 수료.
1990년 단국대학원 사학과 서양사 박사과정 수료(문학박사).
1996년 미국 델라웨이대학교 역사학과 교환교수
1999년 현재 한국외국어대학교 포르투갈어과 교수

저서　·스페인·포르투갈사(공저)　　·중남미사(공저)
　　　　·중남미 식민사　　　　　　　·포르투갈어 문법 개론
　　　　·브라질어 회화(공저) 등 다수

Step by Step 포르투갈어 여행회화

발　행　　2016년 7월 10일

저　자　　최영수
발행인　　이재명
발행처　　삼지사

등록번호　제406-2011-000021호
주　소　　경기도 파주시 산남로 47-10
　Tel　　　031)948-4502, 948-4564　Fax 031)948-4508
홈페이지 www.samjisa.com

책값은 앞표지에 있습니다.

잘못된 책은 구입하신 서점에서 교환해 드립니다.

Step by step 여행회화 시리즈

" 여행자의 언어 소통 이 책으로 즉시 해결! 짧은 문장으로 쉽게 통하는 여행회화! "

- 여행체험에 의한 실용표현 수록
- 5단어 미만 실용적인 짧은 예문으로 구성
- 현지어 발음 원칙에 의거한 발음 표기
- 정확한 발성연습을 위한 MP3 CD준비

■ Step by step 영어 여행회화
------------------------ 신명섭 저 | 국반판 | 266p | MP3용 CD포함

■ Step by step 일본어 여행회화
------------------------ 오현숙 저 | 국반판 | 324p | MP3용 CD포함

■ Step by step 중국어 여행회화
------------------------ 이가춘 저 | 국반판 | 282p | MP3용 CD포함

" 짧은 문장으로

쉽게 통하는 여행회화! "

■ Step by step 베트남어 여행회화
------------------ 김기태 저 | 국반판 | 317p | MP3용 CD포함

■ Step by step 태국어 여행회화
------------------ 차상호 저 | 국반판 | 215p | MP3용 CD포함

■ Step by step 몽골어 여행회화
------------------ 유원수 저 | 국반판 | 352p | MP3용 CD포함

■ Step by step 인도네시아어 여행회화
------------------ 고영훈 저 | 국반판 | 224p | MP3용 CD포함

■ Step by step 프랑스어 여행회화
------------------ 전경준 저 | 국반판 | 210p | MP3용 CD포함

■ Step by step 독일어 여행회화
------------------ 신형욱 저 | 국반판 | 253p | MP3용 CD포함

■ Step by step 러시아어 여행회화
------------------ 강흥주 저 | 국반판 | 330p | MP3용 CD포함

■ Step by step 스페인어 여행회화
------------------ 황순양 저 | 국반판 | 302p | MP3용 CD포함

■ Step by step 아랍어 여행회화
------------------ 송경숙 저 | 국반판 | 225p | MP3용 CD포함

" 여행자의 언어 소통

이 책으로 즉시 해결 "

■ Step by step 터키어 여행회화
------------------ 연규석 저 | 국반판 | 283p | MP3용 CD포함

■ Step by step 체코어 여행회화
------------------ 김은해 저 | 국반판 | 310p | MP3용 CD포함

■ Step by step 슬로바키아어 여행회화
------------------ 김은해 저 | 국반판 | 320p | MP3용 CD포함

■ Step by step 미얀마어 여행회화
------------------ 최재현 저 | 국반판 | 264p | MP3용 CD포함

■ Step by step 루마니아어 여행회화
------------------ 김성기 저 | 국반판 | 224p | MP3용 CD포함

■ Step by step 네덜란드어 여행회화
------------------ 김영중 저 | 국반판 | 400p | MP3용 CD포함

■ Step by step 이탈리아어 여행회화
------------------ 한성철 저 | 국반판 | 208p | MP3용 CD포함

■ Step by step 포르투갈어 여행회화
------------------ 최영수 저 | 국반판 | 272p | MP3용 CD포함

■ Step by step 힌디어(인도어) 여행회화 (출간예정)
------------------ 김우조 저 | 국반판 | 388p | MP3용 CD포함